N1

일본어
능력시험
파이널
테스트

이영아, 노지영
박성길 공저

JLPT FINAL TEST

다락원

JLPT
FINAL TEST N1

지은이 이영아, 노지영, 박성길
펴낸이 정규도
펴낸곳 (주)다락원

초판 1쇄 인쇄 2022년 12월 23일
초판 1쇄 발행 2023년 1월 6일

책임편집 손명숙, 이경숙, 이지현, 송화록
디자인 장미연, 김예지

다락원 경기도 파주시 문발로 211
내용문의: (02)736-2031 내선 460~465
구입문의: (02)736-2031 내선 250~252
Fax: (02)732-2037
출판등록 1977년 9월 16일 제406-2008-000007호

값 16,000원
ISBN 978-89-277-1255-8 14730
978-89-277-1254-1 (세트)

http://www.darakwon.co.kr

- 다락원 홈페이지를 방문하면 상세한 출판 정보와 함께 동영상강좌, MP3 자료 등 다양한 어학 정보를 얻을 수 있습니다.
- 다락원 홈페이지 또는 표지의 QR코드를 스캔하면 MP3 파일 및 관련 자료를 다운로드 할 수 있습니다.

머리말

JLPT 일본어능력시험은 국제교류기금 및 일본국제교육지원협회가 일본 국내 및 해외에서 일본어를 모국어로 하지 않는 사람을 대상으로 일본어 능력을 측정하고 인정함을 목적으로 하는 시험이며 일본 정부가 공인하는 세계 유일의 일본어 시험입니다.

1984년부터 매년 12월에 시험이 시행되었고 2009년부터 1년에 2회, 즉 7월과 12월에 실시되고 있습니다. 또한 2010년부터 학습자들의 과제 수행을 위한 커뮤니케이션 능력을 측정하는 것을 목표로 새로운 유형으로 바뀌면서 기존 1급에서 4급까지이던 것이 N1부터 N5까지 더 세분화되었습니다.

본서는 과거 기출문제를 분석하여 사회 전반에 걸친 내용을 토대로 출제 가능성이 높은 형태들의 문제로 구성하였습니다. 실제 시험과 동일한 구성으로 모의고사 5회분을 수록하여 실전 감각을 바로 익히고 그를 통한 문제 유형 파악과 어휘력 확장이 가능하도록 하였습니다. 최근에는 일부 유형에서 문항 수가 다소 조정되어 출제되고 있는 만큼 이를 반영하여 수록하였습니다.

각 분야별로 기본서로 학습을 하신 후에 본서를 통해 다양한 형태의 문제를 다루어 보고 실력을 키워 나간다면 합격은 물론 고득점이라는 소기의 목적을 달성할 수 있을 것이며, 또한 JLPT를 응시하지 않는 일본어 학습자도 자신의 약점과 실력 점검, 향후 목표 설정 등에 많은 도움이 되리라 확신합니다.

끝으로 이 책의 출판에 도움을 주신 ㈜다락원의 정규도 사장님과 일본어출판부 직원 여러분에게 이 자리를 빌려 감사의 말씀을 드립니다.

저자 일동

JLPT FINAL TEST

JLPT(일본어능력시험)에 대하여

1 JLPT의 레벨

N1, N2, N3, N4, N5로 나뉘어져 있으며 수험자가 자신에게 맞는 레벨을 선택한다. 각 레벨에 따라 N1~N2는 언어지식(문자·어휘·문법)·독해, 청해의 두 섹션으로, N3~N5는 언어지식(문자·어휘), 언어지식(문법)·독해, 청해의 세 섹션으로 나뉘어져 있다.

시험 과목과 시험 시간 및 인정기준은 다음과 같으며, 인정기준을 「읽기」, 「듣기」의 언어 행동으로 나타낸다. 각 레벨에는 이들 언어 행동을 실현하기 위한 언어지식이 필요하다.

레벨	과목별 시간		인정기준
	유형별	시간	
N1	언어지식 (문자·어휘·문법) 독해	110분	**폭넓은 장면에서 사용되는 일본어를 이해할 수 있다.** 【읽기】 신문의 논설, 논평 등 논리적으로 약간 복잡한 문장이나 추상도가 높은 문장 등을 읽고, 문장의 구성과 내용을 이해할 수 있으며, 다양한 화제의 글을 읽고 이야기의 흐름이나 상세한 표현의도를 이해할 수 있다. 【듣기】 자연스러운 속도로 체계적 내용의 회화나 뉴스, 강의를 듣고, 내용의 흐름 및 등장 인물의 관계나 내용의 논리구성 등을 상세히 이해하거나 요지를 파악할 수 있다.
	청해	60분	
	계	170분	
N2	언어지식(문자·어휘·문법) 독해	105분	**일상적인 장면에서 사용되는 일본어의 이해에 더해, 보다 폭넓은 장면에서 사용되는 일본어를 어느 정도 이해할 수 있다.** 【읽기】 신문이나 잡지의 기사나 해설, 평이한 평론 등, 논지가 명쾌한 문장을 읽고 문장의 내용을 이해할 수 있으며, 일반적인 화제에 관한 글을 읽고 이야기의 흐름이나 표현의도를 이해할 수 있다. 【듣기】 자연스러운 속도로 체계적 내용의 회화나 뉴스를 듣고, 내용의 흐름 및 등장인물의 관계를 이해하거나 요지를 파악할 수 있다.
	청해	50분	
	계	155분	
N3	언어지식(문자·어휘)	30분	**일상적인 장면에서 사용되는 일본어를 어느 정도 이해할 수 있다.** 【읽기】 일상적인 화제에 구체적인 내용을 나타내는 문장을 읽고 이해할 수 있으며, 신문기사 제목 등에서 정보의 개요를 파악할 수 있다. 일상적인 장면에서 난이도가 약간 높은 문장은 대체 표현이 주어지면 요지를 이해할 수 있다. 【듣기】 자연스러운 속도로 체계적 내용의 회화를 듣고, 이야기의 구체적인 내용을 등장인물의 관계 등과 함께 거의 이해할 수 있다.
	언어지식(문법)·독해	70분	
	청해	45분	
	계	145분	
N4	언어지식(문자·어휘)	25분	**기본적인 일본어를 이해할 수 있다.** 【읽기】 기본적인 어휘나 한자로 쓰여진, 일상생활에서 흔하게 일어나는 화제의 문장을 읽고 이해할 수 있다. 【듣기】 일상적인 장면에서 다소 느린 속도의 회화라면 내용을 거의 이해할 수 있다.
	언어지식(문법)·독해	55분	
	청해	40분	
	계	120분	
N5	언어지식(문자·어휘)	20분	**기본적인 일본어를 어느 정도 이해할 수 있다.** 【읽기】 히라가나나 가타카나, 일상생활에서 사용되는 기본적인 한자로 쓰여진 정형화된 어구나 문장을 읽고 이해할 수 있다. 【듣기】 일상생활에서 자주 접하는 장면에서 느리고 짧은 회화라면 필요한 정보를 얻어낼 수 있다.
	언어지식(문법)·독해	30분	
	청해	35분	
	계	85분	

※N3 ~ N5 의 경우, 1교시에 언어지식(문자·어휘)과 언어지식(문법)·독해가 이어서 실시된다.
※2022년 제2회 시험에서 N1 청해의 시간과 문제 수가 변경되었다.

2 시험 결과의 표시

레벨	득점 구분	득점 범위
N1	언어지식(문자·어휘·문법)	0 ~ 60
	독해	0 ~ 60
	청해	0 ~ 60
	종합득점	0 ~ 180
N2	언어지식(문자·어휘·문법)	0 ~ 60
	독해	0 ~ 60
	청해	0 ~ 60
	종합득점	0 ~ 180
N3	언어지식(문자·어휘·문법)	0 ~ 60
	독해	0 ~ 60
	청해	0 ~ 60
	종합득점	0 ~ 180
N4	언어지식(문자·어휘·문법)·독해	0 ~ 120
	청해	0 ~ 60
	종합득점	0 ~ 180
N5	언어지식(문자·어휘·문법)·독해	0 ~ 120
	청해	0 ~ 60
	종합득점	0 ~ 180

※ 일본어능력시험은 매회 시험의 난이도를 관리하고, 새로운 유형의 문제를 평가하기 위해 득점에 가산되지 않는 문제를 포함할 수 있다.

3 시험 결과 통지의 예

다음 예와 같이 ① '득점 구분 별 득점'과 득점 구분 별 득점을 합계한 ② '종합득점', 앞으로의 일본어 학습을 위한 ③ '참고 정보'를 통지한다. ③ '참고 정보'는 합격/불합격 판정 대상이 아니다.

*예 : N3을 수험한 Y씨의 '합격/불합격 통지서'의 일부 성적 정보 (실제 서식은 변경될 수 있다.)

① 득점 구분 별 득점			② 종합득점
언어지식 (문자·어휘·문법)	독해	청해	
50 / 60	30 / 60	40 / 60	120 / 180

③ 참고 정보	
문자·어휘	문법
A	C

A 매우 잘했음 (정답률 67% 이상)
B 잘했음 (정답률 34%이상 67% 미만)
C 그다지 잘하지 못했음 (정답률 34% 미만)

이 책의 구성과 특징

이 책은 2010년부터 시행된 JLPT(일본어능력시험) N1에 대비하기 위한 파이널 테스트 문제집입니다. 출제 경향 및 문제 유형을 철저히 분석하여 문제에 반영하였고, 학습자가 JLPT 시험을 앞두고 실제 시험과 같은 형태로 구성한 문제를 직접 풀어 보며 시험에 익숙해질 수 있도록 하였습니다.

본책은 〈파이널 테스트 5회분〉과 〈채점표〉, 〈정답 및 청해 스크립트〉, 〈해답 용지〉로 이루어져 있으며, 다락원 홈페이지에서 〈청해 음성(MP3) 파일〉과 〈해설집(PDF) 파일〉을 제공합니다.

파이널 테스트

실제 시험과 같은 형태의 문제를 총 5회분 실었습니다.
실제 시험과 똑같이 구성하여 문제 푸는 요령을 익히는 데에 도움이 됩니다.

채점표

문제를 풀어보고 자신의 예상 점수를 확인할 수 있게끔 임의적으로 만든 채점표를 실었습니다.

※ 실제 시험은 상대 평가 방식이므로 오차가 발생할 수 있습니다.

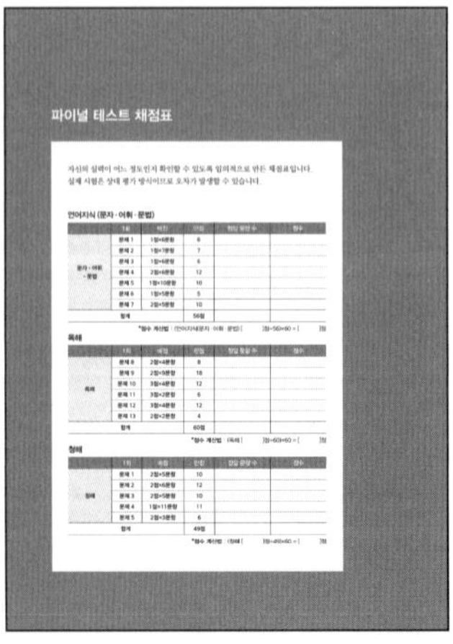

정답 및 청해 스크립트

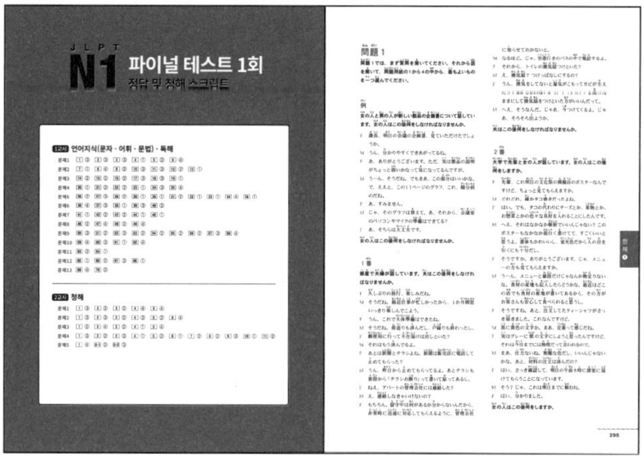

정답과 청해 문제의
스크립트를 정리하였습니다.

해답 용지

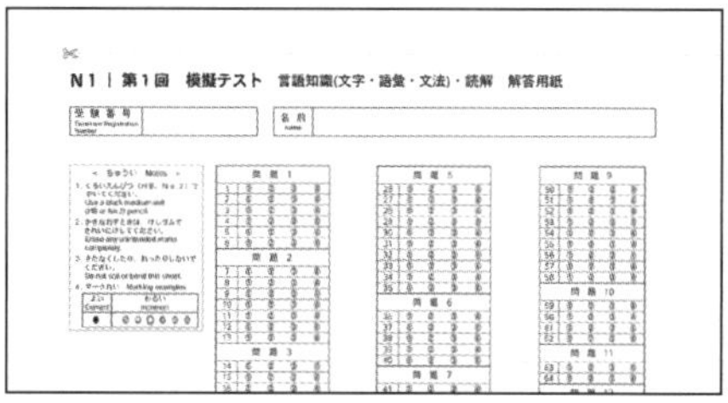

정답을 기입하는 해답 용지입니다.
실제 시험을 보듯 이를 활용하여 미리 해답 기재 요령을
익힐 수 있습니다.

학습 도우미 온라인 무료 다운로드

청해 음성(MP3)

청해 문제를 풀기 위한 음성 파일입니다.

- **스마트폰**
  스마트폰으로 QR코드를 스캔하면 다락원 홈페이지의 본책 페이지로 바로 이동합니다.
  'MP3 듣기' 버튼을 클릭합니다. 모바일로 접속하면 회원 가입과 로그인 절차 없이 바로 MP3 파일을 듣거나 다운로드 받을 수 있습니다.
- **PC**
  다락원 홈페이지(www.darakwon.co.kr)에 접속하여 검색창에 「JLPT 파이널 테스트 N1」을 검색하면 자료실에서 MP3 음성을 듣거나 다운로드 할 수 있습니다. 간단한 회원 가입 절차가 필요합니다.

해설집(PDF)

학습자의 실력 향상에 도움이 되기 위해 정확한 해석과 명쾌하고 친절한 해설을 실었으며, 따로 사전을 찾지 않아도 학습이 가능하게끔 문제에 나온 단어를 자세히 정리하였습니다.

- **스마트폰**
  스마트폰으로 QR코드를 스캔하면 다락원 홈페이지의 본책 페이지로 바로 이동합니다.
  '자료실' 버튼을 클릭합니다. 모바일로 접속하면 회원 가입과 로그인 절차 없이 바로 'JLPT 파이널 테스트 N1 해설집.pdf' 파일을 보거나 다운로드 받을 수 있습니다.
- **PC**
  다락원 홈페이지(www.darakwon.co.kr)에 접속하여 검색창에 「JLPT 파이널 테스트 N1」을 검색하면 자료실에서 'JLPT 파이널 테스트 N1 해설집.pdf' 파일을 보거나 다운로드 할 수 있습니다. 간단한 회원 가입 절차가 필요합니다.

JLPT FINAL TEST

목차

JLPT FINAL TEST N1

파이널 테스트 1회

파이널 테스트 채점표

자신의 실력이 어느 정도인지 확인할 수 있도록 임의적으로 만든 채점표입니다.
실제 시험은 상대 평가 방식이므로 오차가 발생할 수 있습니다.

언어지식 (문자·어휘·문법)

	1회	배점	만점	정답 문항 수	점수
문자·어휘·문법	문제 1	1점×6문항	6		
	문제 2	1점×7문항	7		
	문제 3	1점×6문항	6		
	문제 4	2점×6문항	12		
	문제 5	1점×10문항	10		
	문제 6	1점×5문항	5		
	문제 7	2점×5문항	10		
합계			56점		

***점수 계산법** : (언어지식(문자·어휘·문법) [ ]점÷56)×60 = [ ]점

독해

	1회	배점	만점	정답 문항 수	점수
독해	문제 8	2점×4문항	8		
	문제 9	2점×9문항	18		
	문제 10	3점×4문항	12		
	문제 11	3점×2문항	6		
	문제 12	3점×4문항	12		
	문제 13	2점×2문항	4		
합계			60점		

***점수 계산법** : (독해 [ ]점÷60)×60 = [ ]점

청해

	1회	배점	만점	정답 문항 수	점수
청해	문제 1	2점×5문항	10		
	문제 2	2점×6문항	12		
	문제 3	2점×5문항	10		
	문제 4	1점×11문항	11		
	문제 5	2점×3문항	6		
합계			49점		

***점수 계산법** : (청해 [ ]점÷49)×60 = [ ]점

N1

言語知識（文字・語彙・文法）・読解

（110分）

注　　意
Notes

1. 試験が始まるまで、この問題用紙を開けないでください。
Do not open this question booklet until the test begins.

2. この問題用紙を持って帰ることはできません。
Do not take this question booklet with you after the test.

3. 受験番号と名前を下の欄に、受験票と同じように書いてください。
Write your examinee registration number and name clearly in each box below as written on your test voucher.

4. この問題用紙は、全部で31ページあります。
This question booklet has 31 pages.

5. 問題には解答番号の 1 、 2 、 3 …が付いています。解答は、解答用紙にある同じ番号のところにマークしてください。
One of the row numbers 1, 2, 3 … is given for each question. Mark your answer in the same row of the answer sheet.

受験番号　Examinee Registration Number	

名 前　Name	

問題1 ＿＿＿＿の言葉の読み方として最もよいものを、1・2・3・4から一つ選びなさい。

1 この町には<u>由緒</u>ある建造物が多く残っている。

1 ゆうしょ　2 ゆうしょう　3 ゆいしょ　4 ゆいしょう

2 あの政治家はメディアによって過去を<u>暴露</u>された。

1 ぼうろ　2 ぼうろう　3 ばくろ　4 ばくろう

3 我がチームは今年の大会で<u>悲願</u>の初優勝を果たした。

1 ひかん　2 びかん　3 ひがん　4 びがん

4 年末年始は我が家で<u>寛ぐ</u>のが一番だ。

1 くつろぐ　2 あいつぐ　3 すすぐ　4 さわぐ

5 資源が<u>乏しい</u>国では輸入に頼るしかない。

1 まずしい　2 とぼしい　3 かしこい　4 おびただしい

6 白い雪で<u>覆われて</u>いる富士山は見る人の心を惹きつける。

1 かなわれて　2 きそわれて　3 したがわれて　4 おおわれて

問題2　（　　　）に入れるのに最もよいものを、1・2・3・4から一つ選びなさい。

7　今年はインフルエンザが（　　　）を振るっている。

1　猛威　　2　脅威　　3　暴動　　4　流行

8　あの国はIT産業において（　　　）成長を成し遂げた。

1　甚だしい　　2　鋭い　　3　険しい　　4　著しい

9　うちの部署に割り当てられた（　　　）がきつすぎて社員の間で不満の声が高まっている。

1　タスク　　2　ノルマ　　3　プレゼン　　4　モチベーション

10　親にばれないようにお年玉で（　　　）ゲーム機を買った。

1　あっさり　　2　うっかり　　3　こっそり　　4　しっとり

11　警察は1年にもわたる調査の結果、この事件の真相を（　　　）した。

1　証明　　2　判明　　3　究明　　4　解明

12　どれほどの称賛とお金があっても彼女の寂しさを（　　　）ことはできないだろう。

1　ごまかす　　2　紛らわす　　3　溶かす　　4　解く

13　この問題は日本だけではなく、（　　　）世界全体の問題になるだろう。

1　ひいては　　2　しいては　　3　まして　　4　ひとまず

問題3 ＿＿＿＿の言葉に意味が最も近いものを、1・2・3・4から一つ選びなさい。

14 何日も徹夜で仕事をして疲れきった。

1 くねくねだった　2 くたくただった　3 てきぱきだった　4 いやいやだった

15 先生の怒鳴る声で教室の中が急に静まり返った。

1 かっとなった　2 しんとなった　3 むっとなった　4 きゅっとなった

16 新しい計画は着々と進んでいます。

1 充実に　2 順調に　3 自然に　4 大幅に

17 成功に至ったいきさつを、是非とも聞かせてほしい。

1 なりゆき　2 方法　3 過程　4 アドバイス

18 最近忙しすぎると感じていたが、案の定体を壊して入院することになってしまった。

1 予定通り　2 意外に　3 予想通り　4 願った通り

19 彼は自分の歩んできた人生についてつぶさに語った。

1 詳細に　2 はっきりと　3 大げさに　4 おおまかに

問題4　次の言葉の使い方として最もよいものを、1・2・3・4から一つ選びなさい。

20　侮蔑

1　みんなの前で侮蔑的な言葉でののしられて顔が真っ赤になった。

2　本音が言えない人だからといって侮蔑してはいけない。

3　ひそかに会社を抜け出すなんて侮蔑極まりない。

4　上司は仕事が溜まると侮蔑になりがちである。

21　鮮やか

1　彼女は朗らかで鮮やかな性格だけにみんなに好かれる。

2　雨上がりの後は緑が一層鮮やかな色になる。

3　魅力的で鮮やかなストーリーが人気の秘訣である。

4　鮮やかな生鮮食品が揃っていて遠くから足を運んでくる客が多い。

22　打ち込む

1　出席率のいかんでは奨学金を打ち込まれることもある。

2　新しいプロジェクトに打ち込んでいて、休むどころか、食事をする時間すらない。

3　墨田川花火大会では約2万発の花火が打ち込まれる。

4　次回にもまたチャンスがあるからそんなに打ち込むことはないよ。

23　質素

1　倹約家の彼女はいつも質素な暮らしをしている。

2　質素な子供たちのために多くの人々が支援をしてくれている。

3　彼の豪快で質素な性格はみんなに気に入られている。

4　授業中に質素な質問をして、みんなに笑われてしまった。

24 充実

1 新入社員はマニュアルに充実に機械を作動した。

2 約束に充実な人は約束を破ると、不機嫌になってしまう。

3 新しい仕事を始めてから趣味の時間もできて毎日充実した生活を送っている。

4 彼女はどんなに忙しい時でも、いつも充実に仕事をこなしています。

25 目安

1 一流大学に合格することを目安に勉強に励んでいる。

2 友達に書いてもらった地図を目安に店を探したが、見つからなかった。

3 先生の書いた文字を目安にして、習字の練習をしている。

4 健康のため、一日１５００カロリーを目安にした食事をとっている。

問題５　次の文の（　　）に入れるのに最もよいものを、１・２・３・４から一つ選びなさい。

26　今書いている論文のことで先生に（　　）ことがあるんですが、お時間割いていただけますか。

1　拝見したい　　2　伺いたい
3　お目にかかりたい　　4　お聞きになりたい

27　円高の影響を受けて輸出額が減りつつあり、社員の給料の削減を（　　）。

1　しようにもできない　　2　せずにはおかない
3　よぎなくされた　　4　するまでもない

28　次々とベストセラーを出している作家の新作（　　）発売される前から予約注文が殺到している。

1　ごとき　　2　とあって　　3　あっての　　4　とはいえ

29　山田「職場でパワハラを受けて、会社に行くのが辛いよ。会社を（　　）。」
高橋「えー、そんなことがあったの？ 社内に相談窓口とか設けられてないの？」

1　辞めさせてもらいたいぐらいなんだから
2　辞めてしまえばいいもんなんだから
3　辞めさせられても仕方がないんだから
4　辞めてみせるんだから

30　臨床試験を通じて薬の安全性や有効性を証明したはずなのに、薬の副作用を訴える人が現れて困っている（　　）。

1　といったらありゃしない　　2　ほどのことではない
3　きらいがある　　4　とは限らない

31 お年寄りが電車に乗ってきても、誰一人席を譲ろうとしない。（　　　）僕が席を譲った。

1 うってかわって　　2 見るに見かねて

3 といっても　　4 とはいえ

32 この都市に地震が起こることを想像（　　　）恐ろしい。

1 するだに　　2 の極み　　3 のあまり　　4 にひきかえ

33 講演会の申し込みはホームページまたはお電話（　　　）受け付けております。

1 にて　　2 とて　　3 にして　　4 たりとて

34 問題の解決はガイドライン（　　　）適切かつ迅速に対処しなければならない。

1 にまつわって　　2 にいたって　　3 にして　　4 にそくして

35 国会議員が行政視察（　　　）関係者から接待を受けていた疑いが浮上している。

1 にかこつけて　　2 とあって　　3 を踏まえて　　4 を皮切りに

問題6　次の文の ＿★＿ に入る最もよいものを、1・2・3・4から一つ選びなさい。

（問題例）

あそこで ＿＿＿ ＿＿＿ ＿★＿ ＿＿＿ は山田（やまだ）さんです。

1　テレビ　　2　見ている　　3　を　　4　人

（解答のしかた）

1. 正しい文はこうです。

あそこで ＿＿＿ ＿＿＿ ＿★＿ ＿＿＿ は山田（やまだ）さんです。
1　テレビ　3　を　2　見ている　4　人

2. ＿★＿ に入る番号を解答用紙にマークします。

（解答用紙）

(例)	① ● ③ ④

36　WTOは、世界の男性喫煙者数が ＿＿＿ ＿＿＿ ＿★＿ ＿＿＿ という報告を発表しました。

1　初めて　　2　見込みだ　　3　今年　　4　減少に転じる

37　日本では大晦日に大掃除をして ＿＿＿ ＿＿＿ ＿＿＿ ＿★＿ 神社やお寺を訪れる。

1　風習があり　　2　新年になると

3　初詣にいくべく　　4　年越しそばを食べる

38 あまりにも ＿＿＿＿ ＿＿＿＿ ＿★＿ ＿＿＿＿ さえできなかった。

1　おろか　　2　目をそむけること

3　悲惨な事故に　　4　声を出すことは

39 我が社の福祉制度は大手 ＿＿＿＿ ＿＿＿＿ ＿★＿ ＿＿＿＿ と思う。

1　にしても　　2　整っている　　3　には及ばない　　4　それなりに

40 伝統を誇るこの店では地元 ＿＿＿＿ ＿＿＿＿ ＿★＿ ＿＿＿＿ 品々が堪能できた。

1　作り上げられた　　2　職人の手によって

3　ならではの　　4　こだわりの食材や

問題7　次の文章を読んで、文章全体の趣旨を踏まえて、［41］から［45］の中に入る最もよいものを、1・2・3・4から一つ選びなさい。

文字のない時代にあっても、話し言葉さえあれば、小さな部族で日常生活を営むには別に支障がありません。でも、部族が大きくなってくると、目の前にいる相手とだけコミュニケーションをとっていればすむ場合ばかりではありません。どんなに叫んでも聞こえない距離にいる人間ともコミュニケーションをとらなくてはなりません。また、大きな集団生活を維持するための決まりやその集団の精神生活を支えるための言い伝えを次の世代に［41］。

さしあたっては、優れた記憶力の持ち主を選んで、その任務を遂行させればいいのです。ですが、音声による伝達は、耳によって受け取られることだけを目的にしていますから、［42］消えてしまいます。

とくに困るのは、優れた語り手の不慮の死によって、集団の精神生活を支えるための伝承が［43］。なんとか、次の世代に自分たちが苦労して得た知恵や知識を確実に伝える術（すべ）(注1)はないのか記録すること。記録にして残せば、後の時代の子孫たちも、それを見ればさまざまの知恵や知識を得ることが出来ます。記録するのに適切なものは、何でしょうか。

絵。絵でも確かにある程度は伝えることが出来ます。けれども、描くのに時間がかかるし、誤解のないように伝えることは難しいです。そもそも、絵というのは、流れ続ける時間のなかのある瞬間をとらえて表現するものです。［44］、話し言葉は時間の流れに沿って展開するものです。最初から性質が異なる媒体なのです。時間的に展開する話し言葉は、やはり時間的に展開する「文字」に写し取っていくのが［45］。

（山口仲美『日本語の歴史』）

(注1) 術（すべ）：目的を遂げるための手段。方法

41

1 伝える必要が出てきます
2 伝えるまでもないです
3 伝えることは難しいです
4 伝えかねます

42

1 語っただけあって
2 語った途端に
3 語ったところで
4 語ったからには

43

1 途切れてもかまわないことです
2 途切れてしまうことです
3 途切れるとは思わなかったことです
4 途切れてしかるべきです

44

1 それに対して
2 それにもかかわらず
3 それと同時に
4 それに基づいて

45

1 最も賢明な方法です
2 最も賢明な方法だとは限らないです
3 最も賢明な方法であるがゆえのことです
4 最も賢明な方法になりかねます

問題8　次の(1)から(4)の文章を読んで、後の問いに対する答えとして最もよいものを、1・2・3・4から一つ選びなさい。

（1）

明治時代以後ヨーロッパから、戦後はとくにアメリカから日本に輸入された単語は、片仮名で書きますから、カタカナ語と呼ばれています。新しい単語がぞくぞくと加わって、現在、非常な勢いで広まっています。私の見込みでは、何十年かのうちには、カタカナ語は漢語のかなりの部分に取って代わり、日本語の単語の構成要素の割合は大きく変わると思います。しかし、平仮名で書く言葉は、それほど変わらずに使われていくでしょう。平仮名の言葉は、毎日の基本的な、一般生活に密接に関係する基礎語が多く、その基礎語によって幼児や少年少女の知能や判断力の基本的な枠組みが決定的に育まれるからです。

（大野 晋『日本語練習帳』岩波新書による）

46　筆者の考えに合うのはどれか。

1　カタカナ語が増えていくことに対して、平仮名の言葉は急速に衰えている。

2　カタカナ語が増えつつあるが、平仮名の言葉も依然として重要な役割を担っている。

3　そのうち、漢語はカタカナ語にすべて取り代わっていく。

4　少年少女の知能や判断力を育むためには、漢語の教育を補う必要がある。

（2）

日本語では直接的な言葉を言ったり、否定的な言葉を言ったりすることを避ける傾向がある。それは自分の発言内容に自信がなかったり、慎(つつし)みから断定的な言い方を避けたいという欲求、あるいは思っていることを明確に言わなくても相手がこちらの真意を汲(く)み取(と)ってくれることを期待してのことだろう。英語圏の人にとってはこういった「あいまいさ」や「不明瞭さ」に対する許容範囲は極めて狭いと思われる。しかしながら、この「あいまいさ」ゆえに日本人は相手の感情を理解し、相手を傷つけることなく自分の感情を遠回しに表現することに長(た)けているともいえるのではないだろうか。

47 筆者が最も言いたいことは何か。

1 日本語は自分の気持ちを分かってほしいという思いから明確に言わない。

2 日本語があいまいなのは、自分の考え方に自信がないからである。

3 英語圏の人にとってこのあいまいさは理解しがたい。

4 あいまいさこそが相手を思いやることができるものである。

（3）

エスニックという言葉は、エスニック料理、エスニックな音楽、エスニック・ツーリズムのようによく耳にする言葉であり、頻繁に使われています。漠然としたイメージとしては東南アジア、南米、アフリカの諸国を思い浮かべる人が多いのではないでしょうか。エスニックの実際の定義を見ると「人間」という意味で、我々の全てはエスニックであるはずです。ところが、「エスニック」という言葉の意味には、幾分「劣等な」、「あまり進んでいない」という語感も有し、否定的に判断したり、低く評価する時にも使われています。

48 筆者によると、「エスニック」にはどのような意味が含まれているか。

1 経済成長率を基に、いくつかの国々をカテゴライズするという意味がある。

2 本来の意味にひきかえ、負の感情を表すという意味が含有されている。

3 特定の分野で専門的に使われ、一般の人には馴染みのない言葉である。

4 「人間」という意味で、世の中に住んでいる人全体を表している。

（4）

劣等感というのは少なくとも長期的な成長、あるいは成功という観点から見たときには忌み嫌う(注)べきものではない。なぜなら、成功者の多くは劣等感を巨大なエネルギーにして、飛躍的な成長を成し遂げているからだ。劣等感を成長のエンジンに変えていくための第一歩は、自分が何に対して劣等感を覚えているのかということをしっかりと捉えることだ。それができれば、成長へのハシゴはすでに掛けられたといっても過言ではない。

アルフレッド・アドラーは、「人は日々自分のパーソナリティに対して「投資」をしているのだ」と言っている。つまり、一見固定化されて変わることがないように思える自分の性格や自分の行動傾向が日々の一つ一つの行動によって上書きされ、強化されているということだ。裏を返せば、その「投資」の方向性を変えることができれば、性格というのはその瞬間から少しずつ変化できるということである。

(注) 忌み嫌う：ひどくいやがる

49 投資とは具体的にどんなことか。

1 劣等感を感じること

2 成長したいと思うこと

3 これまでの考え方

4 毎日行っている行動

問題９　次の⑴から⑶の文章を読んで、後の問いに対する答えとして最もよいものを、１・２・３・４から一つ選びなさい。

（1）

昨年度、小中学校を３０日以上欠席した児童・生徒の数は16万4千人を超え、９８年度以降で最多となった。中学の場合、４０人の学級に１人はいる計算だ。各校からの報告を文部科学省がまとめて、先日公表した。

①増えたのは「無理に登校する必要はない」との考えが浸透してきた結果でもあろう。２年前に教育機会確保法が施行され、民間のフリースクールなど、子どもの事情に応じた多様な学びの場を用意することの大切さが確認された。自治体も6割が公立の受け皿を設けている。

一方で、本当は学校に行きたいのに行けない子がいるのも事実だ。②子どもを遠ざけている原因を探り、取り除く。国や教育委員会、各学校現場にはその責務がある。それは学校を良くする糸口にもなるはずだ。

不登校の理由（複数回答）は家庭の状況３８％、いじめを除く友人関係２８％、学業不振２２％、教職員との関係、学校のきまり各３％などとなっている。

少子化による学校の小規模化に悩む地域は多く、子どもが日常的に接する友だちや先生が固定化する傾向にある。そこでうまく人間関係を築けなかった子どもにとって、学校は息が詰まる場所になってしまう。

学級、学年をこえた活動や交流行事を増やす。その学年を担当する全ての教員が、全ての生徒に目配りする「全員担任制」を試みる。そんな試みを重ねて、③風通しのいい学校をつくることが求められる。

（読売新聞 ２０１９年10月２４日）

50 ①増えた理由として合っていないものはどれか。

1 フリースクールに通えるようになったから

2 無理に学校に通う必要がないと考えるようになったから

3 家庭の事情で行けないから

4 学校以外の学びの場が設けられたから

51 ②子どもを遠ざけている原因として合っていないものはどれか。

1 行きたくても家庭の事情で行けないから

2 友達にいじめられたから

3 勉強ができないから

4 先生との関係がよくないから

52 ③風通しのいい学校とはどんな学校か。

1 全員担任制の学校

2 外部との交流が多い学校

3 学生一人一人に目を配れる学校

4 良い環境で学べる学校

（2）

高校の国語教育から文学が減っていくことに、文芸誌の「すばる」と「文学界」が相次いで特集を組み、①懸念を示している。２０２２年度から実施される新しい学習指導要領は、実用的な文章を重視する方向性を打ち出した。議論の的になっているのが、「文学」と切り離して新設される選択科目の「論理国語」だ。現代の社会生活で必要とされる論理的な文章や、実用的な文章を使う。グローバル化、情報化する実社会で活躍できる能力の育成が狙いだ。扱うのは、報道や広報の文章、会議や裁判の記録、電子メールといったものだという。②これまでの国語の概念を大きく覆す。

今回の指導要領改定は、２１年から始まる新しい大学入学共通テストと連動している。１７年と１８年のプレテストには、生徒会部活動規約などを読ませる問題が出された。選択科目には文学作品を扱う「文学国語」もあるが、大学受験を考慮して、ほとんどの学校で「論理国語」が選択されるという見方もある。

（中略）

③文学は人間の存在と密接にかかわる。多感な時期に、教科書で出合った文学作品が呼び水となり、人生の新しい扉を開くきっかけになることもある。教科書から文学作品が少なくなることで、その機会も減ることになりはしまいか。

法令やガイドラインの文言を正しく理解し、的確な言葉で他者と相互理解を図ることが大切なのはもちろんだ。しかし、論理だけでは測れないことは世の中にはたくさんある。

会話や文章の行間を読み取り、他者の立場を想像することが、人間社会を豊かにし、コミュニケーションを円滑にする。それこそ、文学によって養われる力ではないだろうか。

国語教育は、文化の根幹そのものだ。教育現場だけではなく、社会全体で考えていくことが必要だ。

（毎日新聞 2019年9月15日）

53 ①懸念を示している理由は何か。

1 論理的な文章が増えることによって、大学の入試が難しくなるから

2 文学作品を読まなくなることによって、コミュニケーションがうまくできなくなる恐れがあるから

3 文学作品を読まなくなることによって、常識がなくなるから

4 論理的な文章が増えることによって、活字離れが深刻化していくから

54 ②これまでの国語の概念とは何か。

1 言語としての役割だけをするもの

2 思考力や表現力を培うもの

3 文言を理解するもの

4 想像力を豊かにするもの

55 筆者が言う③文学に当てはまらないものはどれか。

1 人間関係をよくするもの

2 文章をよく理解し、的確に行動できるもの

3 今まで考えもしなかったことを知らせてくれるもの

4 相手の立場を理解できるもの

（3）

車の電動化が世界で加速するなか、政府は、基幹部品となる ①電池の製造基盤を国内で強化するため、先進的な工場を作る際に補助金で支援する方針を固めました。②車の電動化をめぐっては、アメリカが２０３０年に新車販売の５０％をＥＶなどにする目標を掲げたほか、ＥＵ（ヨーロッパ連合）は２０３５年にガソリン車などの新車販売を事実上、禁止する方針を打ち出しています。車の電動化には基幹部品となる電池の確保が重要となっています。

具体的には電池の軽量化や、走行距離を伸ばすことにつながる先進的な電池を作る工場のほか、生産能力の高い工場を支援の対象にする方向で調整しています。

こうした支援によって国内の自動車産業の競争力を維持したい考えで、補助の割合を調整したうえで、今月にもとりまとめる予定の経済対策に必要な費用を盛り込む方針です。

③自動車用の電池をめぐってはアメリカが日本円で６６００億円の工場建設の支援を発表するなど世界で製造拠点の強化を支援する動きが加速しています。

（NHKニュース 2021年11月4日）

56 ①電池の製造基盤を国内で強化するための政府の方針は何か。

1 ヨーロッパの製造技術を真似る。

2 先進工場建設に補助金を投入する。

3 電池製造の拠点を日本に置く。

4 ガソリン車などの新車販売を禁止する。

57 ②車の電動化をめぐって世界の動きはどうなっているか。

1 アメリカは 2030年にガソリン車などの新車販売を禁止する方針である。

2 EUは2035年に新車販売の半分以上をEVにする目標を掲げている。

3 日本は生産能力の高い工場を支援の対象にする方向で調整している。

4 アメリカとEUは日本円で6600億円の補助金を発展途上国に支援する予定である。

58 ③自動車用の電池に関して言及されていないことは何か。

1 電池の軽量化

2 走行距離

3 電池の確保

4 電池の費用

問題10　次の文章を読んで、後の問いに対する答えとして最もよいものを、1・2・3・4から一つ選びなさい。

自然災害が相次ぐ中、「災害弱者」と呼ばれる障害者への対応の見直しが迫られている。東日本大震災で障害者の死亡率が住民全体の死亡率の約2倍だったとの調査結果もある。特に視覚障害者は情報を得るのが容易ではない。災害に備えようとしても、身近なリスクを把握することさえ難しい。災害の発生後は街が一変し、一人で動けない。一般の避難所での生活は戸惑うことばかりだ。

①こうした問題を抱える視覚障害者に対して、きめ細かな情報を提供し、普段から備えをしてもらおうという試みが各地で始まっている。ハザードマップの情報を触感などで伝えようとの取り組みが好例だ。NPO法人「日本災害救援ボランティアネットワーク」は、浸水部分を盛り上げて示したマップに障害者が触るワークショップを開いている。広島県の「呉市視覚障害者協会」では朗読ボランティアがハザードマップの内容をCDに収録した。協会主催の勉強会では、障害者らが自宅近くの避難所の場所や、自宅が土砂災害警戒区域に入っているかを確かめた。災害時の避難を諦めていた障害者の防災意識が高まったという。

実際に避難に要する時間や、ルート上で障害物のある場所を普段から知っておくことも重要だ。岐阜市の障害者施設では毎年、視覚障害者と地域住民による防災運動会で、救援要請や搬送を一緒に体験している。②だが、課題はなお多い。NPO法人「兵庫障害者センター」は2017年度、県内の障害者や難病患者に豪雨災害における防災・避難意識のアンケートを実施した。視覚障害者の半数近くが「ハザードマップを知らない」と答えるなど、周知が進んでいない実態が浮き彫りになった。

自治体の中には、障害者一人一人の状況に合わせた災害時の個別避難計画が整っていないところもある。福祉避難所としての障害者施設の活用が進んでいない問題もある。国は各自治体に、障害者への特段の配慮を求める通知を出しているが、取り組みは地域で温度差がある。遅れている自治体の後押しが必要だ。災害弱者に対する継続的な取り組みは、被災者全体への支援の充実につながる。「誰も取り残さない」ことを目指し、社会全体で災害への対応力を高めていきたい。

（毎日新聞 2019年12月22日 東京朝刊）

59 ①こうした問題を抱えるとあるが、これはどのような問題なのか。

1 自然災害が各地で相次いでいること

2 災害が起きると障害者の死亡率が高くなること

3 災害の規模を予想できないから、災害時のリスクを把握しにくいこと

4 災害弱者は災害時に情報を得たり、リスクを把握したりすることが難しいこと

60 災害弱者のために行われている取り組みはどのようなことなのか。

1 避難に要する時間をケータイで知らせる。

2 避難時に障害物となるものを協力団体のボランティアの人々が片付ける。

3 ハザードマップを応用したり、ワークショップを開いて普段から備えて置くよう手伝う。

4 障害者の自宅が災害警戒区域に入らないように支援する。

61 ②だが、課題はなお多いとあるが、その課題にあたるものはどれか。

1 防災・避難意識が高くない障害者が多いこと

2 障害者に対する地域住民の協力が足りないこと

3 障害者の個別避難計画を立てることが難しいこと

4 障害者への配慮を求めることについて多少ではありながらも不満の声があること

62 筆者が最も言いたいことは何か。

1 障害者施設の活用を一層進めるべきだ。

2 災害が頻繁に起きている地域への援助を増やすべきだ。

3 障害者一人一人に合わせたハザードマップを作るべきだ。

4 被災者全体の支援につながるよう、災害弱者に対して継続的に取り組むべきだ。

問題11　次のAとBの文章を読んで、後の問いに対する答えとして最もよいものを、1・2・3・4から一つ選びなさい。

A

コンピューターとインターネットの発達によって様々なサービスやコンテンツをオンライン上で利用できるようになったが、近年、オンライン上の仮想空間と現実世界を密接に結び付けるバーチャルリアリティが注目を集めている。バーチャルリアリティは、技術革新とともに幾度も期待を集めてきたが、消費者の利用環境が整っていないことから大きな普及には結び付かなかった。しかしながら、スマートフォンの普及によって手軽にバーチャルリアリティに近い機能を利用することが可能となり、同時に、スマートフォンの経験を活かして様々なビジネスをバーチャルリアリティと結び付ける動きが活発になっている。さらに、人間の五感に訴えかける新しい技術によって、仮想空間と現実世界のサービスが密接につながろうとしている。

（八山幸司 ニューヨークだより2016年8月）

B

われわれは、現実の世界では体験できないようなことを、バーチャル世界で「経験」することができる。このバーチャル世界での「経験」は通常の現実世界における経験とは異質な経験であろうか。そしてバーチャル世界は現実世界と本質的に異なるものなのだろうか。「バーチャルリアリティ」と言われる技術は、コンピューターを使って、ここに対話性を導入する。われわれは、そこでバーチャル世界をただ眺めるだけでなく、その眺めの中に入り込み、そこで世界に働きかけることができる。バーチャルリアリティの体験者は、あたかも自分が現実の世界にいるように、バーチャルな身体を通して対象に作用することができ、また対象からの作用を受けることもできる。そしてバーチャル世界は、体験者が意のままに動かせるバーチャル身体からの作用に対して、あたかも物理法則にしたがっているかのように反応し、バーチャル身体に対してフィードバックを与える。つまり、バーチャル世界は整合性を保ったまま、バーチャル身体を通して、われわれの意識と相互作用することができるのである。

（吉田 寛「バーチャルリアリティのリアリティはなぜバーチャルなのか」
京都大学学術情報リポジトリ KRENAIより）

63 バーチャルリアリティについて、AとBに共通して述べている内容はどれか。

1 スマートフォンの普及によって身近に体験できるようになった。

2 その実現はコンピューターの発達によるところが大きい。

3 現実世界での体験とは異質なものである。

4 様々なサービスやコンテンツに活用されている。

64 バーチャル世界での体験についてAとBはどのように述べているか。

1 Aは利用環境の限界について述べているが、Bは相互作用について述べている。

2 Aは人間の五感に頼っていると述べているが、Bは意識の重要性について述べている。

3 AもBもバーチャル世界は異質な世界であり、対話性を導入すべきだと述べている。

4 AもBもバーチャル世界を自由に行き来できる環境づくりが必要だと述べている。

問題12　次の文章を読んで、後の問いに対する答えとして最もよいものを、1・2・3・4から一つ選びなさい。

時間の能率化、つまり経済的な画一化は私たちの生活にも一義的(注1)な価値を押しつけるようになった。人間生活の極端な計画化、計数化であり、ディジタル化である。「時は金なり」（Time is money）という諺は、時間は大切なものであり、空しく費やしてはならないという意味のものだが、考えてみればこの教訓的な諺の中にも時間の能率化の考えが潜んでいたわけである。そして人間生活のディジタル化ということをいえば、今日のようにディジタル型の精密な腕時計が実用化され、大量に出まわるはるかまえに、近代文明とともに人間生活のディジタル化は始まっていたのである。ディジタル型腕時計の本格的出現はそういう人間生活のディジタル化のあとを追ったものであり、生活のディジタル化が徹底したことの結果を示すものであるともいえるのだ。

人間生活のディジタル化の赴くところ、アナログ的なもの、アナロジー（類比）的なものにみちていた私たちの生活、①私たちの世界は曖昧で非能率的なものとしてしりぞけられた。多義的で総合的なアナログ的世界から、一義的で分析的な②ディジタル的世界に変えられてきたのである。

アナログ的世界にあって中心的な役割を果たすのは、なによりも想像力であり、全体的な直観である。いろいろな物事の間にひそんでいるアナロジー（類比関係）を捉えるのはそれらの働きだからだ。その想像力や全体的直観から創意や工夫も出てくる。そして世界のディジタル化とともに、子供たちの玩具までが複雑な機械仕掛けになり、自動的なものになった。玩具として高度化しているようにみえても夢を与えず、③むしろ夢を奪っている。

このような趨勢(注2)のもとでは子供たちからすべての遊びが奪われ、すべてが時間の能率化の線で役に立つために学習されることになりかねない。いや、すでに現在のわが国の学習体系は、その要をなすものになっている入試試験が示すように、ディジタル型の知識を身につけることが中心になっているのである。

いまこのような学習体系や入試試験をただちに覆し、追放することは難しいかもしれない。しかし、だからといってこのまま放置していい法はないし、いわんやこのような趨勢に無自覚であったり、拍車をかけたりしていい法はないだろう。人間生活のもつ価値観の多義性(たぎせい)(注3)にもっと人々の目がひらかれ、そのような多義性がもっと掘り起こされていいのではなかろうか。

（中村 雄二郎『考える愉しみ』）

(注1) 一義的(いちぎてき)：物事を一つの意味でとらえること
(注2) 趨勢(すうせい)：物事の流れ
(注3) 多義性(たぎせい)：物事をいろんな意味でとらえること

65 ここでいう①私たちの世界とはどんな世界か。

1 曖昧で非能率的なものにみちていた世界
2 ディジタル化が進んでいる世界
3 物事を一律に捉える世界
4 物事を効率的に判断する世界

66 ②ディジタル的世界とはどんな世界か。

1 全てのことが機械によって行われている世界
2 時間の無駄をなくし、全てをお金に換算する世界
3 ディジタル型の腕時計が実用化されるなど、技術が目覚ましく発展している世界
4 分析的で多様な考え方を持てる人が評価される世界

67　③むしろ夢を奪っているとはどういう意味か。

1　最近の玩具は実用的で、子供もたちに幻想を抱かせるゆとりを与えている。

2　最近の玩具は自動的で、子供たちの生活から面白い遊びそのものを奪っている。

3　最近の玩具は複雑で進んだものではあるが、子供もたちの想像力を奪っている。

4　最近の玩具は機械的で複雑なので、玩具としての面白さを持ち合わせていない。

68　筆者が最も言いたいことは何か。

1　物事を全体的に捉え、その背後にあるものを類推する力を養うべきである。

2　人間生活のディジタル化は今に始まったことではなく、これからも拍車をかけていくだろう。

3　現在のような学習体系や入試試験をこのまま放置せずに積極的に変えていくべきである。

4　価値観の多義性がなされることによって、時間の能率化も可能になる。

問題13　右のページは、桜市消防局のホームページに書かれた案内である。下の問いに対する答えとして最もよいものを、1・2・3・4から一つ選びなさい。

69　会社員である高橋さんは、子供たちを連れて、桜市消防局を訪ねようと思っている。子供たちは消火器の使い方に興味を持っているので、それと関連した体験内容を選びたい。また、週末や祝日は人込みが予想されるので、避けたいと思っている。高橋さんがしなければならないこと、および受けられるコースは、次のどれか。

1　空き状況を確認して、土曜の午前中の体験コースに申し込む。

2　自分と子供たちの身分証を持参して、月曜の屋内消火栓の訓練に申し込む。

3　当日に顔認証を行った後、消火器訓練コースに参加する。

4　体験する前に消防局のホームページで申込書を作成し、水曜日の消火器訓練に参加する。

70　本文の内容と合っているのは、次のどれか。

1　小学生を対象とした体験教室であり、費用は無料である。

2　体験コースは曜日と時間帯によって違い、参加のためには、前もって申込書を作成する必要がある。

3　詳細については電話で問い合わせすることができ、参加人数が５人以下の場合は、教室が開かない。

4　入場の前には持ち物検査が行われ、身分証を提示しなければならない。

市民消防体験教室について

＊ 冬の季節に多発する火災に立ち向かうための市民消防体験教室

桜市消防局では、火事が起きた時に部屋から避難する訓練、炎を消火器で消火する方法など、実践的な防災研修を行っています。乾燥している冬の季節には火事になる危険が高くなるので、日頃から火災に備えましょう。

＊ 消防体験教室について

消防体験教室とは、３名～５名単位の市民を対象（小学生から参加可能）としている防災体験であります。実施日は、予め決まっており、下記の市民消防体験教室日程表のとおりです。

体験の内容は、消火器訓練、屋内消火栓訓練、暗中避難体験、煙中避難体験などを体験する消火避難実践コースになります。（体験の内容によって、体験日や時間帯が異なりますので、ご注意ください。）

1）体験時間

・平日　13：00～15：00
→ 月、水、金：消火器訓練、屋内消火栓訓練
→ 火、木：暗中避難体験、煙中避難体験

・土、日、祝日　10：00～12：00、14：00～16：00
→ 午前中は消火器体験、屋内消火栓訓練、午後は暗中避難体験、煙中避難体験

2）受講費：無料

3）申し込み方法：事前申し込みが必要となります。空き状況を確認して、ホームページの受講申込書に必要事項を記入してください。

※ 注意：身分証を持参し、入場の時に提示してください。

N1

聴解

(55分)

注　　意
Notes

1．試験が始まるまで、この問題用紙を開けないでください。
Do not open this question booklet until the test begins.

2．この問題用紙を持って帰ることはできません。
Do not take this question booklet with you after the test.

3．受験番号と名前を下の欄に、受験票と同じように書いてください。
Write your examinee registration number and name clearly in each box below as written on your test voucher.

4．この問題用紙は、全部で１２ページあります。
This question booklet has 12 pages.

5．この問題用紙にメモをとってもかまいません。
You may make notes in this question booklet.

受験番号　Examinee Registration Number	

名 前　Name	

問題 1

問題 1 では、まず質問を聞いてください。それから話を聞いて、問題用紙の 1 から 4 の中から、最もよいものを一つ選んでください。

例

1 企画書を見せる

2 製品の説明を書き直す

3 データを新しくする

4 パソコンを準備する

1番

1 会議の資料をコピーする

2 イベントの企画書を書き直す

3 会議の準備ができているか確認する

4 軽食を注文する

2番

1 土に肥料を入れて、1週間待つ

2 土に種を撒いて、水をやる

3 土に水をやってから種を撒く

4 土に肥料を入れて、水をやる

3番

1 電話で受付をしてホームページでフォームを作成する

2 ホームページでフォーム入力をして、出店料を振込む

3 振込み領収証を持参して、フリーマーケット会場に行く

4 フリーマーケットに出す不用品を整理する

4番

1 お酒、飲み物

2 飲み物、お寿司

3 お寿司、サラダ

4 サラダ、おつまみ

5番

1 大掃除をする

2 残った仕事を終わらせる

3 お賽銭を用意する

4 お風呂に入る

問題 2

問題 2 では、まず質問を聞いてください。そのあと、問題用紙のせんたくしを読んでください。読む時間があります。それから話を聞いて、問題用紙の 1 から 4 の中から、最もよいものを一つ選んでください。

例

1 昨日までに資料を渡さなかったから

2 飲み会で飲みすぎて寝てしまったから

3 飲み会に資料を持っていったから

4 資料をなくしてしまったから

1番

1 出張日が迫ってきているのに、準備を怠っているから

2 スタンプラリーにはまって、いろいろなところを訪れているから

3 パスポートにいたずらをして使えなくなったから

4 仕事で忙しいのに、のんきに山登りをしているから

2番

1 会社に迷惑をかけないようにした方がいい

2 騙される恐れがあるからしない方がいい

3 今の仕事に役立つ副業をした方がいい

4 今の給料では生活できないからやった方がいい

3番

1 外で販売することに対する従業員の不満があったから

2 お客からのクレームがあったから

3 売れ残りを値下げして売らなければならないから

4 街の景観を損なうから

4番

1 夜中に楽器の演奏をしている人がいてぐっすり寝られない

2 夜中に響く足元の音が気になる

3 家の中にタバコの匂いが入ってきて不愉快だ

4 ゴミをちゃんと分別せずに出している人が多い

5 番

1 長い休暇を取って親の世話をするから

2 親の世話をする人は勤務日数を減らしてもいいようになったから

3 毎週月曜日は父に付き添って病院に行かなければならないから

4 ヘルパーさんが不在のため親の介護をせざるをえなくなったから

6 番

1 もしものためにドライブレコーダーを取り付けるべきだ

2 あおり運転を受けたら、すぐ警察に通報するべきだ

3 あおり運転を受けたら、安全な場所に車を止めるべきだ

4 国があおり運転に関する法案をきちんと作るべきだ

問題 3

問題 3 では、問題用紙に何も印刷されていません。この問題は、全体としてどんな内容かを聞く問題です。話の前に質問はありません。まず話を聞いてください。それから、質問とせんたくしを聞いて、1 から 4 の中から、最もよいものを一つ選んでください。

－ メモ －

問題 4

問題 4 では、問題用紙に何も印刷されていません。まず文を聞いてください。それから、それに対する返事を聞いて、1から3の中から、最もよいものを一つ選んでください。

－ メモ －

問題 5

問題５では、長めの話を聞きます。この問題には練習はありません。
問題用紙にメモをとってもかまいません。

１番

問題用紙に何も印刷されていません。まず話を聞いてください。それから、質問とせんたくしを聞いて、１から４の中から、最もよいものを一つ選んでください。

－ メモ －

2番

まず話を聞いてください。それから、二つの質問を聞いて、それぞれ問題用紙の1から4の中から、最もよいものを一つ選んでください。

質問1

1 漫画を描くサークル

2 漫画を読むサークル

3 運動するサークル

4 バンド活動をするサークル

質問2

1 漫画を描くサークル

2 漫画を読むサークル

3 運動するサークル

4 バンド活動をするサークル

JLPT
FINAL TEST
N1

파이널 테스트 2회

파이널 테스트 채점표

자신의 실력이 어느 정도인지 확인할 수 있도록 임의적으로 만든 채점표입니다.
실제 시험은 상대 평가 방식이므로 오차가 발생할 수 있습니다.

언어지식 (문자·어휘·문법)

	2회	배점	만점	정답 문항 수	점수
문자·어휘·문법	문제 1	1점×6문항	6		
	문제 2	1점×7문항	7		
	문제 3	1점×6문항	6		
	문제 4	2점×6문항	12		
	문제 5	1점×10문항	10		
	문제 6	1점×5문항	5		
	문제 7	2점×5문항	10		
합계			56점		

***점수 계산법** : (언어지식(문자·어휘·문법) [ ]점÷56)×60 = [ ]점

독해

	2회	배점	만점	정답 문항 수	점수
독해	문제 8	2점×4문항	8		
	문제 9	2점×9문항	18		
	문제 10	3점×4문항	12		
	문제 11	3점×2문항	6		
	문제 12	3점×4문항	12		
	문제 13	2점×2문항	4		
합계			60점		

***점수 계산법** : (독해 [ ]점÷60)×60 = [ ]점

청해

	2회	배점	만점	정답 문항 수	점수
청해	문제 1	2점×5문항	10		
	문제 2	2점×6문항	12		
	문제 3	2점×5문항	10		
	문제 4	1점×11문항	11		
	문제 5	2점×3문항	6		
합계			49점		

***점수 계산법** : (청해 [ ]점÷49)×60 = [ ]점

N1

言語知識（文字・語彙・文法）・読解

（110分）

注　　意
Notes

1. 試験が始まるまで、この問題用紙を開けないでください。
Do not open this question booklet until the test begins.

2. この問題用紙を持って帰ることはできません。
Do not take this question booklet with you after the test.

3. 受験番号と名前を下の欄に、受験票と同じように書いてください。
Write your examinee registration number and name clearly in each box below as written on your test voucher.

4. この問題用紙は、全部で３１ページあります。
This question booklet has 31 pages.

5. 問題には解答番号の 1 、 2 、 3 …が付いています。解答は、解答用紙にある同じ番号のところにマークしてください。
One of the row numbers 1, 2, 3 … is given for each question. Mark your answer in the same row of the answer sheet.

受験番号　Examinee Registration Number	

名 前　Name	

問題1　＿＿＿＿の言葉の読み方として最もよいものを、1・2・3・4から一つ選びなさい。

1　今回の洪水は莫大な被害をもたらした。

1 ばくだい　2 ばくたい　3 まくだい　4 まくたい

2　父は金融関係の仕事に携わっています。

1 さわって　2 たずさわって　3 いたわって　4 いつわって

3　次の試合に向けて練習に励んでいます。

1 いどんで　2 のぞんで　3 いとなんで　4 はげんで

4　高齢化に伴い、社会保障制度の改革が求められている。

1 かいかく　2 かいがく　3 がいかく　4 がいがく

5　都市の過疎化が深刻になり、政府レベルでの解決策が議論されている。

1 かそくか　2 かそか　3 かぞくか　4 かぞか

6　結婚式のご祝儀の相場は国によって違う。

1 あいば　2 あいじょう　3 そうば　4 そうじょう

問題2　（　　　）に入れるのに最もよいものを、1・2・3・4から一つ選びなさい。

7　景気は（　　　）に回復しています。

1　ゆるやか　　2　おだやか　　3　すみやか　　4　ささやか

8　大学受験を（　　　）者なら知っておくべき事項がいくつがあります。

1　添える　　2　映える　　3　栄える　　4　控える

9　急にパソコンが（　　　）しちゃって修理に出しました。

1　ウイルス　　2　フリーズ　　3　ディベート　　4　リハビリ

10　地球温暖化による動植物の（　　　）が懸念されている。

1　絶滅　　2　滅亡　　3　脅威　　4　破壊

11　方向音痴な私でさえ迷わず目的地に（　　　）着いた。

1　がっかり　　2　げっそり　　3　すんなり　　4　ふんわり

12　募集要綱に不明な点がございましたら、電話で（　　　）ください。

1　ご覧　　2　お問い合わせ　　3　お過ごし　　4　お見合わせ

13　（　　　）山田さんのことだからうまく乗り越えられると思うよ。

1　激しい　　2　賢い　　3　貧しい　　4　細かい

問題3　＿＿＿＿の言葉に意味が最も近いものを、1・2・3・4から一つ選びなさい。

14　お使いになった製品に関しましては、ご自由にコメントをお書きください。

1　意見　　2　評論　　3　利点　　4　理論

15　実験の結果のみならず、過程も詳細に説明してください。

1　アクセス　　2　プロセス　　3　データベース　　4　アドバイス

16　おのおの、チケットや身分証明書の持参をお願い致します。

1　一斉に　　2　各自に

3　グループごとに　　4　互いに

17　わざと多くの仕事を任せたらしいよ。

1　故意に　　2　一緒に　　3　意外に　　4　既に

18　クライアントとの打ち合わせを完全に忘れていた。

1　うっかり　　2　くっきり　　3　すっかり　　4　ぎっしり

19　事故が起きたのか、突如として人々が騒ぎ出した。

1　どうりで　　2　ひそかに　　3　いきなり　　4　じかに

問題4　次の言葉の使い方として最もよいものを、1・2・3・4から一つ選びなさい。

20　滑らか

1 滑らかな口当たりのこのワインは、お酒が弱い人に持って来いです。

2 庭に植えた桜の木は滑らかに育っています。

3 古いエアコンだから、作動音が大きく、滑らかに動きません。

4 お年寄りでも滑らかに使いこなせるアプリが好評らしい。

21　よそよそしい

1 他人を誹謗するようなよそよそしい言い方は望ましくない。

2 友達に急によそよそしい態度をとられたけど、理由が分からない。

3 初対面の人にでもよそよそしく話す先輩には、感心せざるを得ない。

4 就職活動がうまく行かず、よそよそしい気持ちになった。

22　滞る

1 新しいプロジェクトは滞りなく、順調に進んでいます。

2 大雪のため、列車のダイヤが滞り、大変な混雑が予想される。

3 部長は私が意見を出す度に口を挟んで滞っている。

4 売れ残りの在庫が滞って処分に困っている。

23　察する

1 栄養のことを察した上、献立を作らねばならない。

2 仕事において未熟なところを先輩がいつも察してくれるから本当に助かる。

3 相手のことを察することができない同僚のせいで、傷つくことが一度や二度ではない。

4 外国人学習者が習得しやすいよう、新たな教授法を察した。

24 若干

1 長年使わなかった自転車に若干の錆びがついていたが、修理に出して直してもらった。

2 大事な打ち合わせの前だから気を抜くべきではないのに、疲れが溜まって若干居眠りしてしまった。

3 夜更かしもほどほどにしてくれればいいのに、若干勉強してすぐ遊びに行っちゃう。

4 交通事故に遭ったが、若干の怪我だったから、家族はさぞかし胸を撫で下ろしたことだろう。

25 怠る

1 やさしい鈴木さんのことだから、お願いを怠るはずがないよ。

2 植木鉢に水やりを怠って、枯れてしまった。

3 久しぶりのお出かけ日和だから外出を怠らないで、どこか出かけよう。

4 週末にも会社を怠らず出勤して任された仕事を成し遂げた。

問題5　次の文の（　　　）に入れるのに最もよいものを、1・2・3・4から一つ選びなさい。

26　火山が噴火し、火山灰が降って、周辺の地域に住んでいる住民は降灰が止むまで屋内で（　　　）。

1　過ごさねばならない　　2　過ごすほどのことではない

3　過ごすにあたらない　　4　過ごしてもさしつかえない。

27　上司は私の企画書をちゃんと（　　　）もしないで、机の上にほったらかした。

1　読もう　　2　読め　　3　読まない　　4　読み

28　シーズンオフの時は格安の航空券がたくさんあって、日本から韓国までだと20,000円から30,000円（　　　）だろう。

1　ときたら　　2　としたところ　　3　というわけ　　4　といったところ

29　鈴木「今回の優勝で、今どんなことが一番胸に思い浮かびますか。今のお気持ちを（　　　）。」

高橋「感激の至りです。みんなが一丸となって、努力してくれたおかげだと思います。」

1　ご説明なさいますか　　2　申し上げてください

3　お聞きください　　4　お聞かせ願えますか

30　乾燥は火事の原因の一つでもある（　　　）、火を扱う際にはさらなる注意が必要です。

1　べく　　2　ゆえに　　3　や否や　　4　ごとく

31 黒田「ごめん、人身事故が起きて、運転見合わせになってるんだ。送別会の時間に（　　　）、先に始めていいよ。」

大石「そっか。大変だね。みんなにそう伝えておくから、気をつけてきてね。」

1 間に合いそうだから　　2 間に合いそうになかったから

3 間に合わなさそうだから　　4 間に合わなかったから

32 彼と連絡が取れなくて、今の状況を伝えたくても（　　　）。

1 伝えようがありません

2 伝えたって仕方がありません

3 伝わないではおかないです

4 伝えばいいというものではないです

33 （お知らせで）

下記の日程につきまして、市民体育館の施設の点検を実施することとなりましたので、何卒、ご理解の程お願い申し上げます。点検が終わり（　　　）営業を再開致たします。

1 次第　　2 次第には　　3 次第に　　4 次第では

34 小杉「さっき、会議で余計なこと言わなきゃよかった。」

井上「今、（　　　）時間の無駄だよ。過ぎたことはさっさと忘れた方がいいよ。」

1 後悔しただけに　　2 後悔したところで

3 後悔したところを　　4 後悔はさておき

35 体調を崩してから仕事もうまくいかず、なにもかも嫌になってきた。些細なことでもかっとなり、いらいらする日が続いた。すべて健康（　　　）ことだと改めて実感する。

1 あっての　　2 からある　　3 ながらの　　4 ならではの

問題6　次の文の ＿★＿ に入る最もよいものを、1・2・3・4から一つ選びなさい。

（問題例）

あそこで ＿＿＿ ＿＿＿ ＿★＿ ＿＿＿ は山田（やまだ）さんです。

1 テレビ　　2 見ている　　3 を　　4 人

（解答のしかた）

1. 正しい文はこうです。

あそこで ＿＿＿ ＿＿＿ ＿★＿ ＿＿＿ は山田（やまだ）さんです。 1 テレビ　3 を　2 見ている　4 人

2. ＿★＿ に入る番号を解答用紙にマークします。

（解答用紙）

(例)	① ● ③ ④

36　地域の過疎化問題に歯止めをかける ＿＿＿ ＿＿＿ ＿★＿ ＿＿＿。

1 様々な　　2 べく　　3 取り組みが　　4 行われている

37　この電化製品は性能も ＿＿＿ ＿★＿ ＿＿＿ ＿＿＿。

1 売り上げが　　2 さることながら

3 ますます伸びている　　4 値段もリーズナブルで

38 経済低迷が続く中 ＿＿＿ ＿★＿ ＿＿＿ ＿＿＿ 人々の不安が募っている。

1 失業者は　　2 苦しんでいる
3 増えつつあり　　4 経済的に

39 取締役の小出さんは、汚職事件に関わり、辞任の表明をする ＿★＿ ＿＿＿ ＿＿＿ ＿＿＿ 態度だった。

1 責任がないと　　2 記者会見でさえ
3 自分には　　4 言わんばかりの

40 遠隔医療 ＿＿＿ ＿★＿ ＿＿＿ ＿＿＿ の解決への期待感が高まっている。

1 通信インフラが　　2 医療費増加問題
3 を契機に　　4 整備され

問題7　次の文章を読んで、文章全体の趣旨を踏まえて、[41] から [45] の中に入る最もよいものを、1・2・3・4から一つ選びなさい。

この夏の暑さは [41] 。風が完全に熱風だったこともはじめての経験。肌に気持ちのいい風がふくことがあまりありませんでした。

夜はなんとか氷まくらでしのぎましたが、日中は氷を [42] 、つらかったな。チャッピーはいちばん涼しく、床が冷たい玄関に寝そべり、クロは一日に何度も何度も涼しい場所をさがして寝床をかえていました。クロはこの夏ほとんど外へ出かけていません。すずめを少し眺める程ですぐに部屋のどこかへ隠れてしまう。お遊びもなんだかぐったりけだるそうで、続かない。

動くクロをほとんど見ることなく、この夏が過ぎました。 [43] 気がついたときには、体重増加。そろそろ病院の検診のお知らせがくる頃だというのに。うちの先生とっても体重にきびしいんだよなあ。

と、クロの体重を気にしながら夫婦はたらふく食べる毎日。こう暑くても夏バテしないのはよく食べ、 [44] 。

今夜も豚のかたまりを煮てがっつり食べることにします。煮豚はいろいろ作り方がありますが、今日はジャスミンティーの香りをほんのり生かして夏らしく [45] 。いつものことですが、少し多めに煮ておくと、サラダやサンドイッチの具にしたり、炒飯や麺類に刻み入れたりと便利です。

（飛田和緒『晴れた日にはキッチンで』）

41

1 半端ではなかった　　2 半端になった

3 半端ならざるを得なかった　　4 中途半端だった

42

1 ぶらさげておくわけにもいかず　　2 ぶらさげておくわけがなく

3 ぶらさげておくわけで　　4 ぶらさげておくわけではなく

43

1 むしろ　　2 ところが　　3 なので　　4 一方で

44

1 よく寝ているぐらいでしょう

2 よく寝ているせいです

3 よく寝ているからだとは限らないです

4 よく寝ているからでしょうか

45

1 仕上げずにはおかないです　　2 仕上げることにしました

3 仕上げるのをお勧めします　　4 仕上げればよかったです

問題8　次の(1)から(4)の文章を読んで、後の問いに対する答えとして最もよいものを、1・2・3・4から一つ選びなさい。

（1）

「『理想の監督』とは、どんな監督ですか」と聞かれれば、たいていの選手は、こう答えるだろう。「自分を使ってくれる監督」「試合に出してくれる監督」と。ビジネスマンが、「どんな上司が理想ですか」と聞かれれば、「自分の意見に聞く耳を持ってくれてチャンスを与えてくれる人」と答えるに似ているのかもしれない。しかし、生意気なようだが、僕にとって「理想の監督」の定義とは、それだけではない。何からの新しい価値観を与えてくれる人。そういう監督が理想である。当たり前のことを当たり前にやるのは最低限のベース。それをどういう形で、当たり前を当たり前にやれるように工夫するのか。その手法が指導者のポイントだと思う。

（川島英嗣『準備する力』）

46　筆者の考えに合うのはどれか。

1　選手が自分の能力を発揮できるよう導いてくれる監督が望ましい。

2　スポーツとビジネス場面においてはリーダーの役割が最も重要である。

3　多くの人に平等にチャンスを与える監督が求められる。

4　新たな価値観を与え、当然のことができるよう導いてくれる人が理想の監督である。

（2）

令和元年5月15日

入居者の皆様

防犯カメラ設置のお知らせ

拝啓　入居者の皆様におかれましては、ますますご清祥のこととお喜び申し上げます。

さて、当マンションではこの度、下記の日時にて防犯カメラを設置いたします。防犯カメラを適所に設置することによって、犯罪やトラブルなどの被害を抑止し、マンション住民の皆様の安心感を高めることができると存じます。

つきましては、作業に伴い、皆様にはご迷惑をおかけいたしますが、何卒、ご理解ご協力の程申し上げます。

敬具

下記

- 日時：令和元年5月20日（水）午前9時～午後1時
- 設置場所：エントランス、廊下、エレベーターホール
- ご注意
  - ＊作業時間中は騒音が発生する恐れがありますので、あらかじめご了承お願いいたします。
  - ＊作業時間中はエレベーターをお使いになれません。
  - ＊作業状況により、時間の多少のズレが生じる場合がございます。
- お問い合わせ先：マンションの管理事務所　TEL 03-1234-5678

47　本文の内容と合っているものはどれか。

1　マンション住民の要請により、防犯カメラを設置することにした。

2　マンションの周辺で犯罪が起きている。

3　工事は人の出入りが少ない午後の時間帯に行う。

4　作業時間は予定した時間と異なる場合がある。

（3）

マンガやアニメ、和食など、日本独自の文化の海外への発信を強化するため、政府は４年前に取りまとめた「クールジャパン戦略」を見直す方針で、新たな案を取りまとめました。

それによりますと、これまでの取り組みの問題点として関係省庁などの連携が不十分で政策効果が（発揮）できておらず、SNSなど急速に普及する新たなコミュニケーション手段も活用できていないことなどをあげています。

そして、これまでの行政主導から民間主導への転換を目指す必要があるとして、発信力のある個人や団体をネットワーク化する新たな民間組織の立ち上げを支援することなどを掲げています。また、海外でも知られる著名人に情報発信を行ってもらうなど、SNSを通じた情報発信を推進していくことも明記しています。政府は来月にも知的財産戦略本部の会合を開き、新たな戦略を正式に決めることにしています。

（2019年7月28日 NHKニュース）

48 「クールジャパン戦略」をどのように見直すべきか。

1 関係省庁の連携を強めるべきだ。

2 政府が徹底的に関与するべきだ。

3 民間が主体になって進めるよう支援するべきだ。

4 海外の著名人を起用して宣伝するべきだ。

（4）

首都カイロから40キロ南のダハシュールにあるこのピラミッド、紀元前2600年ごろにつくられたとされています。

高さはおよそ30階建てのマンションに相当する100メートル余りで、通常のピラミッドと異なり、斜面の中間付近で角度が緩やかに変わることから「屈折ピラミッド」と呼ばれています。

1965年から調査などのため一般の立ち入りが禁止されてきましたが、このほど修復作業を終えて54年ぶりに一般に公開されることになり、13日、メディアなどに公開されました。

80メートルほどの狭い回廊を通って内部に入ると、新たに整備されたはしごでひつぎなどを安置した部屋にも上ることができ、内部の構造がわかるようになっています。またこの日はピラミッド近くの墓から見つかった保存状態のよい複数のミイラや石棺、それに木製のマスクなども公開されました。

（[NHK news web] 2019年7月14日）

49　本文の主な内容は何か。

1　屈折ピラミッドと呼ばれるピラミッドが半世紀ぶりに公開された。

2　ダハシュールにあるピラミッドが新しく世界遺産に登録された。

3　屈折ピラミッドは通常のピラミッドとは異なり、角度が急に変わる。

4　ピラミッドの中にある遺跡を復元し、当時の生活の様子が明らかになった。

問題９　次の⑴から⑶の文章を読んで、後の問いに対する答えとして最もよいものを、１・２・３・４から一つ選びなさい。

（1）

カアー、カアー。黒い羽を輝かせて飛んでいく、カラス。昔話にも童謡にも登場する、日本人には昔から馴染んだ存在であるカラスは、都会では、ハシブトガラスという嘴の太くて濁った声で鳴くカラスが主です。都会のカラスは、①その習性から嫌われがち。東京都中野区では、一年を通じて「ゴミ収集所がカラスに荒らされる」「道を歩いていたら威嚇・攻撃された」と、カラスによる被害が報告されています。野鳥は、人間を警戒して、人がいる所には近づかず、人に近づいても何かをすることはあまりないのですが、カラスは人の近くにいても平気。②一般的に「カラスは賢い」と言われます。宇都宮大学農学部でハシブトガラスの研究が行われたことがあります。

その結果、脳の重さはニワトリの約３倍、全体重に対する脳の重さは犬・猫より高く、脳細胞が高密度で、知能の高い動物に特徴的な配列構造になっていることが分かりました。他の鳥類とは全く異なる脳の構造を持っていることから、生物学者の間ではカラスは③「羽をもった霊長類」と呼ぶこともあると言います。九官鳥は人の言葉を覚えて喋りますが、カラスは九官鳥よりもっと多くの言葉を覚えられるそうです。他の鳥と違い、「遊ぶ」のも、カラスだけの特徴。電線にぶら下がって体を揺らしたり、道路にクルミを置いてタイヤに轢かせて割ったりと、世界各地でカラスの「遊び」が報告されています。これは、カラスの知性の産物であり、都会に住めばエサが豊富にあると知って生活に余裕ができ、「遊ぶ」ことも覚えたと推測されています。カラスの学習能力の賜物ということですね。ゴミを荒らされる人間にとっては、困りものではありますが。

（ヨムーノ https://www.o-uccino.jp/article/posts/3664 から）

50　①その習性から嫌われがちとはどういうことか。

1　太い嘴が人に恐怖感を与えるから

2　カアー、カアーと声高く鳴くのがうるさいから

3　日本人には馴染みのない鳥だから

4　ゴミを荒らしたり、人を脅したりするから

51　②一般的に「カラスは賢い」と言われますとあるが、それはなぜか。

1　脳細胞が高密度で、他の鳥類と異なる構造になっているから

2　エサが豊富である郊外で暮らしているから

3　「遊ぶ」ことを一度見てすぐ真似できるから

4　九官鳥よりも話せる言葉が多いから

52　③「羽をもった霊長類」に一番近いものはどれか。

1　鳥の中で遊び方が最も独特なもの

2　鳥の中で学習能力のあるもの

3　鳥の中で最も外見が哺乳類（ほにゅうるい）に似ているもの

4　鳥の中で唯一平爪を持っているもの

（2）

昔、マレー人がワニのわなに餌を仕掛けた時は、食事の飯を3口かまずにのみ込んだ。ワニが餌をのみ込むようにするためだ。カレーの中の骨を取り除かなかったのは、ワニが餌の仕掛けにひっかかるようにだ。

英人類学者フレーザーの「金枝篇（きんしへん）」が挙げる「類感呪術（るいかんじゅじゅつ）」の一例である。①類感呪術とは似たものは似たものを生むという想念に根ざすまじないだ。ワカメを食べると髪が増えるという俗説も似たもの同士の呪術効果を期待してである。スポーツ選手が絶好調だった日と同じ道を通って試合場へ行く縁起かつぎも類感呪術だろう。ならば「東京五輪から大阪万博、札幌冬季五輪へ」という高度成長期・日本の黄金のロードマップの再踏破はどんな効果を生むのだろうか。

札幌市の２０３０年冬季五輪開催地への立候補が決まった。裏事情を聞けば、今回はライバル都市との間で３０年以降の大会の開催を分け合うことになりそうで、３０年は札幌が最有力とのこと。早ければ来年にも開催が決定するという。

むろん、かねて招致活動を続けてきた地元の方々には見えてきた招致成功をお祝いせねばなるまい。ただ高度成長期を知る世代には、何やら「昭和の夢よ再び！」の声が聞こえてきそうな巨大イベントのラインアップに戸惑いもする。

６０年近い歳月をはさんだ類似シナリオの再演は何かのまじないか。それはこの国から新しい時代を切り開く構想力が失われていることの表れではないのか。②そうではないとの証を示したい次の１０年だ。

（毎日新聞 ２０２０年1月30日 東京朝刊）

53　本文の内容から①類感呪術の例として当てはまることは何か。

1　カツ丼を食べて試合をするといつも勝つこと

2　夢で見たことが現実になること

3　おみくじをすると縁起がいいこと

4　占い師のところへ訪ねると、仕事がうまくいくこと

54　②そうではないとの証とは何か。

1　高度成長期の成功談を基にイベントを主催すること

2　類似シナリオを再現すること

3　昔のやり方を踏襲しない新たな構想力を見せること

4　ライバル都市との連携を強化すること

55　筆者の考えに最も近いものはどれか。

1　再び札幌で冬季オリンピックが開催されることで、地域の人々に夢や希望が与えられる。

2　オリンピック開催による都市のリニューアルが期待される。

3　招致意欲を示す都市と共同で開催すべきである。

4　約半世紀前に開催地であった札幌で再び大会を招致することに疑問を抱いている。

（3）

多くの人は、人間とはその肉体部分を連想し、心は頭脳の中に存在すると考える。物質的な肉体には、視覚、聴覚、触覚、味覚、嗅覚といった五つの感覚があり、手で触れること、眼で見ること、匂いを嗅ぐこと、味わうこと、音を聴くことができる。

だが、表面的な肉体だけを人間と捉え、その機能や知識だけを追究するだけでは、人間の本質的な構造や、その存在に近づくことはできない。

今日、私たちが見えない世界を受け止める第六感（直感、ひらめき）が衰えた背景には人が視覚・聴覚・嗅覚・味覚・触覚といった五感のみに頼ることが恒常化され、表面的な感覚がすべてと感じるようになったからではないだろうか。

①密教では天空に広がる大宇宙のほかに、各々の人間の中に小宇宙が存在し大宇宙と連動しているという思想がある。つまり、自身の内部に宿（やど）る（注）小宇宙を識るということは、宇宙を知ることなのだ。

宇宙の本質である宇宙生命体という巨大な霊体と、その波動、意識の働きを密教では宇宙の三密という。そのエネルギーにより、万物の意識の世界である霊界を創り、喜怒哀楽などが伴う心の世界である幽界が構成され、物質世界である現象界が創造された。②「気」は天と地の間を満たすだけでなく、生命の源泉であり、人間の心身から湧き出る心や感情も「気」そのものである。また、目に見えないものだけではなく物質にも「気」が宿っている。「気」は調和の原理で動く性質があり、同じ「気」の波長と出会うと協調し増幅するが、異なる波長とぶつかると変化する。明るいところ、清浄なところには良いものが集まるように、プラスの気はプラスの気を引き寄せ、暗いところ、汚いところには同類のものが集まるようにマイナスの気はマイナスの気を引き寄せる。

（2020年5月29日（金）JBpress 配信）

（注）宿（やど）る：その場所にとどまる

56 ①密教の考えに最も近いものはどれか。

1 宇宙を知るためには人間の内部に存在する小宇宙を認識しなければならない。

2 意識の世界、心の世界、物質の世界は同じものである。

3 三密のエネルギーにより人は生命を維持することができる。

4 肉体の世界や心の世界は連動できない構造になっている。

57 本文の内容から②「気」の定義として一番適切なものはどれか。

1 天と地をつなぐもの

2 生命の根幹であり、感情そのもの

3 目に見えないもの

4 相反するものを引き寄せるもの

58 本文の内容と合っているものはどれか。

1 人間が生まれつき持っている五つの感覚について追究しなければならない。

2 表面的な感覚がすべてだと信じる人が多い。

3 人間の本質的な構造の中には、形なきものの存在もある。

4 清浄なところへ行き、人にとって良いとされる「気」を受けるべきだ。

問題10　次の文章を読んで、後の問いに対する答えとして最もよいものを、1・2・3・4から一つ選びなさい。

本当ならお盆の頃にも家に帰るものらしいのですが、おばさんは夏場に症状が重くなることが多く、外出許可が出ない場合がほとんどでした。だからこそ ①お医者さんも心を砕いて、お正月の外出だけは、できるだけ出すようにしていたのでしょう。

そのお医者さんの気持ちはありがたいのですが、そのおかげで小学生だった頃の私にとって、お正月以上に ②気の重いイベントはありませんでした。

その頃の友佳子おばさんは、幼い頃の記憶にある姿とは大きく違っていました。いえ、何も強い薬のために激しく太ってしまったことや、まったくお化粧をしなくなったこと、また髪の艶(つや)(注1)が失われて、まるで粗悪(そあく)(注2)なカツラのようにゴワゴワになってしまっていたことを言っているのではありません。やはり、例の“鬼払い(おにばらい)(注3)”が、子供だった私には怖くてならなかったのです。

何でもない時のおばさんは、普通より少し反応の乏しい人でしかないのですが、一度“鬼払い”を始めると、とたんに近寄りがたくなります。いったい何が見えているのか、何もない空間に向かって手を大きくバタつかせながら、激しい勢いで怒鳴り散らすからです。

「いったい、何度いったらわかるんだ。早く、ここから出て行け！」そんな言葉を、かなりどすの利いた声で突然にまくし立てるのですから、子供にとって怖くないはずがありません。ひどい時には物を投げたりすることもあって、おばさんが家にいる間は、まったく気が抜けませんでした。実際 ③こんな状態なのに、どうして外出の許可が出るのか、不思議でならなかったくらいです。

そんなことが小学校に入った頃からずっと続いていたのですから、私が大晦日とお正月が苦手になってしまうのも仕方のないことだったと、わかっていただけたかと思います。その年の大晦日(おおみそか)(注4)とお正月も、やはり予想していた通り、最低のものになりました。

友佳子おばさんが夕方にやって来てから、何度も何度も例の、“鬼払い”をやりました。それもレコード大賞の発表の瞬間や、紅白歌合戦で私の好きなアイドルが登場したとたんにやるのですから、もしかしたらワザとではないかとさえ思ったのです。

特に紅白が終わる間際のものは激しくて、ウトウトと眠りかかっていた弟（当時は小学校2年生でした）は、おばさんの口調のあまりの怖さに飛び起き、ふだんはガキ大将で鳴らしているくせに、さめざめと(注5)泣きさえしたものでした。

（朱川湊人『キミの名前 箱庭旅団』）

(注1) 艶(つや)：あでやかで美しい
(注2) 粗悪(そあく)：粗末(そまつ)で質が悪いこと
(注3) 鬼払い(おにばらい)：鬼を払って福を呼び込むこと
(注4) 大晦日(おおみそか)：一年の最後の日
(注5) さめざめ：しきりに涙を流して静かに泣くさま

59 ①お医者さんも心を砕いてとはどんなことだと考えられるか。

1 病気の症状が治まったから家に帰らせてくれたこと

2 お正月にまで病院にいるのはあまりにもかわいそうだから外出の許可を出してくれたこと

3 患者の願望で仕方なく、外出許可を出したこと

4 鬼払いをする時は特別に外出の許可を出してくれたこと

60 お正月が②気の重いイベントである理由は何か。

1 病気の重いおばさんに会うのが幼い頃は嫌だったから

2 いつも怒鳴るおばさんが怖かったから

3 鬼払いをするおばさんの姿が見苦しかったから

4 会う度に病状が重くなるおばさんのことが心配だったから

61 ③こんな状態とはどのようなことか。

1 おばさんに異変がおきている状態

2 おばさんがまったく反応をしなくなった状態

3 おばさんの外出許可が出た状態

4 おばさんの病状が回復した状態

62 筆者にとってお正月はどのようなものだったと考えられるか。

1 待ちに待った紅白歌合戦が見られる楽しい日

2 病気になっているおばさんに会う胸の痛い日

3 変貌するおばさんのせいで楽しみにしていたイベントが台無しになる日

4 家族同士で怒鳴ったり、喧嘩をしたりする最低の日

問題11　次のAとBの文章を読んで、後の問いに対する答えとして最もよいものを、1・2・3・4から一つ選びなさい。

A

インフルエンサーマーケティングは、主にSNS上で大きな影響力をもつ「インフルエンサー」に製品やサービスをPRしてもらい、口コミを通して購買など消費者の行動に影響を与えるマーケティング手法です。

若い世代を中心にインスタグラムが広がりを見せる中で、着々とその市場拡大を続けるインフルエンサーマーケティングですが、2017年から2019年はインフルエンサーマーケティングにとって飛躍の年となりました。

インフルエンサーマーケティングのメリットとしては、ターゲティングと効果測定が比較的容易なことが挙げられます。

（https://find-model.jp/insta-lab/influencer-marketing-company/ より）

B

インフルエンサーマーケティングとは、「届けたい情報を、届いて欲しい人に、より届きやすくするPR」を可能にするマーケティング手法です。

従来のPR手法はマスメディアが主でしたが、TVなどの規模の大きいメディアでのPR手法は、幅広い層に情報発信ができても届けたいターゲットに情報が届きにくくなっている現状です。

SNSが発達し誰もがインターネット上で容易に発信ができるようになり、インターネット上で構築されたコミュニティから影響力を持つインフルエンサーたちが多く現れています。つまり、その分野に特出したインフルエンサーへ宣伝を依頼することで、彼らのフォロワーへ情報をダイレクトに届けることが可能となります。

（https://ferret-plus.com/11912/ より）

63 インフルエンサーマーケティングについてAとBの文章で共通して述べていることは何か。

1 ターゲットを絞って届けたい情報を効果的に送ることができる。
2 若い世代を中心に市場拡大をしている。
3 ユーザーとコメントのやり取りが容易である。
4 影響力を持っているインフルエンサーを通してマーケティングをすることができる。

64 インフルエンサーマーケティングのメリットについてAとBはどのように考えているか。

1 Aは特定の分野に特出した人を起用することができると述べ、Bは流行に敏感な若い世代を起用することができると述べている。
2 Aは幅広い層に話題の情報を発信できると述べ、Bは規模の大きいメディアより宣伝の効果が高いと述べている。
3 Aは割とターゲティングが簡単であると述べ、Bはフォロワーへ情報を直接送ることができると述べている。
4 AもBもユーザーとの交流が重要だと述べている。

問題12　次の文章を読んで、後の問いに対する答えとして最もよいものを、1・2・3・4から一つ選びなさい。

新型コロナウイルスの感染拡大で企業業績が急速に悪化し、雇用不安が強まっている。とりわけ、契約社員や派遣社員など立場が弱い①非正規労働者の状況は厳しい。

観光や飲食、小売りなど大きな打撃を受けている分野は、非正規雇用が多い。既に、派遣切りや雇い止めなどが発生している。

雇用は生活の基盤だ。正規・非正規にかかわらず、安易な解雇は許されない。非正規であっても、契約途中の解雇には、やむをえない事情が必要だ。内定取り消しも、正社員の解雇と同様であることを認識する必要がある。

政府は、②企業に休業手当の一部を補助する雇用調整助成金を拡充した。従業員に一時的に休んでもらうことで急場（きゅうば）(注1)をしのぎ、解雇を避ける狙いだ。今回の特例では、雇用保険に加入していない非正規従業員向けも助成対象にした。

ただ、こうした制度を知らない経営者も少なくない。政府は商工団体などを通じ、仕組みや手続きの周知を徹底すべきだ。

助成率は最大9割まで引き上げられたが、中小企業の資金（しきんぐ）繰り(注2)を考えれば、さらなる引き上げで支援することも検討すべきだ。ここ数年は景気回復が続いていたため、雇用保険財政は改善している。

助成金の支給まで、通常2カ月程度かかる。政府は1カ月に短縮する方針だが、資金繰りに窮し、解雇に踏み切る企業が出てきた。担当部署への職員の集中配置や申請書類の簡略化など、対応を加速させなければならない。

売上高が急減した中小企業に最大２００万円を給付する制度も設けたが、給付は早くて5月になる。しかも1回限りで力不足だ。

企業には③雇用維持のため、助成金や実質無利子の融資、給付金の活用など、あらゆる施策に取り組む責務がある。一時的な業績悪化で人材を手放せば、技術の蓄積が途絶えたり、消費が一段と悪化したりして、経済の基盤が弱まる。

景気低迷時に企業が新卒採用を絞った結果、就職氷河期世代を生んだ反省を忘れてはならない。

企業の社会的責任として雇用を守るという意識は後退している。しかし、非正規を雇用の調整弁と見なすばかりでは、格差や社会不安が増幅しかねない。長期的視野で雇用を支える局面だ。

（毎日新聞 2020年4月14日 東京朝刊）

（注1）急場（きゅうば）をしのぐ：差（さ）し迫（せま）った場合や事態を何とか切（き）り抜（ぬ）ける
（注2）資金繰（しきんぐ）り：会社の収入と支出を管理して、収支の過不足を調整すること

65 ①非正規労働者の状況はどのような状況なのか。

1 派遣が取りやめになったり、解雇されたりする状況
2 格差がますます激しくなっている状況
3 就職氷河期の打撃を最も受けやすい状況
4 政府の援助の対象には入らない状況

66 ②企業に休業手当の一部を補助する雇用調整助成金を拡充したとあるが、それはなぜか。

1 補助金を出すことで会社側が社員を解雇しないようにするため
2 非正規労働者が休職する間、雇用保険に加入させるため
3 やむをえない事情がある従業員を優先的に助けるため
4 将来有望な会社が倒産しないようにするため

67 ③雇用維持のために会社が取り組むべきことは何か。

1 社員の給料を一時的に削減すること
2 契約社員を正社員に転換させること
3 政府からの助成金を活用すること
4 雇用を守るという意識を広めること

68 筆者が最も言いたいことは何か。

1 経済低迷時においては雇用の仕組みの見直しが必要だ。

2 企業は社会的責任を持って非正規雇用者を守るべきだ。

3 小売業者を対象に無利子の融資を拡大すべきだ。

4 競争が激しい業界においてはさらなる技術の蓄積が求められる。

問題13　右のページは、レポート課題について書かれたお知らせである。下の問いに対する答えとして最もよいものを、1・2・3・4から一つ選びなさい。

69　音声学を専攻している修士1年生の佐藤さんは、自分の興味がある論文を見つけました。しかし、その論文は興味深い内容が含んでいるものの、その議論には賛同できません。佐藤さんはどのような書き方をしてレポートを提出しますか。

1　なぜその意見を採用したかを明確にし、自分の意見を加えて説明をする。

2　賛成しない部分を引いて内容を要約する。

3　反論のデータや反例を用いて論理的に反証する。

4　説得力のある参考文献や先行研究を用いて徹底的に批判する。

70　本文の内容と合っているのはどれか。

1　締切日を過ぎて提出する場合は研究室へ直接持って行かねばならない。

2　修士論文の一部分になるような議論を展開してもよい。

3　音声学論文の書き方を必ず守らなければならない。

4　縦書きにし、表紙には題名、氏名、所属、提出月日をつける。

レポート課題：音声学演習（2020年前期・木曜）

1. 自分の研究テーマに沿った小論文を書いてください。以下のいずれのタイプのものでも結構です。

- 修士論文のための参考文献（になる可能性のある論文）のレポート、具体的には内容要約、その拡張、あるいは批判（データや議論を用いた説得的なもの）など。
- 修士論文の一部を構成する議論など。
- 自分の興味がある論文や先行研究の内容要約。

2. 構成

一般的な音声学の論文の書き方に、おおよそ、準拠してください。

- A4で横書きに、表紙（題名、学籍番号、氏名、所属、提出月日）をつける。
- 上下左右2センチマージン、11ポイントフォントが標準。
- 参考文献は、著書、研究論文、HPからの引用などに分ける。

3. 書き方

論文の意見と自分の意見を明確に分ける。なぜ、賛成するのか、なぜ、どこが違うと思うかなどを明確にする。

- **賛成する場合：**なぜその意見に賛成するか。主張されているポイントを引用し、なぜそれが正しいと思うかを自分なりに説明する。そこには書かれていない応用を見つけ、指摘する。
- **反対する場合：**裏づけになるデータを用いて論理的に反論する。反例を見つける。

＊ 締め切りは10月5日（金）までに基本的には研究室のポストに投函のこと
＊ 帰省あるいは帰国する人は takahashi@yaho.ne.jp あてに添付メールで送ること

N1

聴解

(55分)

注　　意
Notes

1．試験が始まるまで、この問題用紙を開けないでください。
Do not open this question booklet until the test begins.

2．この問題用紙を持って帰ることはできません。
Do not take this question booklet with you after the test.

3．受験番号と名前を下の欄に、受験票と同じように書いてください。
Write your examinee registration number and name clearly in each box below as written on your test voucher.

4．この問題用紙は、全部で１２ページあります。
This question booklet has 12 pages.

5．この問題用紙にメモをとってもかまいません。
You may make notes in this question booklet.

受験番号　Examinee Registration Number	

名 前　Name	

問題1

問題1では、まず質問を聞いてください。それから話を聞いて、問題用紙の1から4の中から、最も よいものを一つ選んでください。

例

1 企画書を見せる

2 製品の説明を書き直す

3 データを新しくする

4 パソコンを準備する

1番

1 授業の内容について問い合わせしてみる

2 文化センターのホームページで講座の詳細内容を確認してみる

3 音楽の講座に申し込む

4 機械音痴向けの入門講座について調べてみる

2番

1 病院で処方された薬を飲む

2 サプリメントを飲む

3 ぐっすり寝る

4 いつもマスクをする

3番

1 親に進学について相談する

2 会社に退職届を出す

3 アルバイトをして学費を稼ぐ

4 仕事と勉強の両立できる方法を探してみる

4番

1 取引先との商談がうまくいかなかったことについて

2 新入社員がやる気を出せる方法について

3 新入社員の言葉遣いやマナーについての教育実施について

4 社員同士の世代間のギャップを克服するための取り組みについて

5番(ばん)

1 コンピュータ演習室(えんしゅうしつ)の利用時間(りようじかん)を聞(き)いてみる

2 区役所(くやくしょ)に電話(でんわ)で問(と)い合(あ)わせる

3 区役所(くやくしょ)に行(い)って参加申込書(さんかもうしこみしょ)を作成(さくせい)する

4 インターネットから参加申込書(さんかもうしこみしょ)をダウンロードして作成(さくせい)する

問題 2

問題 2 では、まず質問を聞いてください。そのあと、問題用紙のせんたくしを読んでください。読む時間があります。それから話を聞いて、問題用紙の 1 から 4 の中から、最もよいものを一つ選んでください。

例

1 昨日までに資料を渡さなかったから

2 飲み会で飲みすぎて寝てしまったから

3 飲み会に資料を持っていったから

4 資料をなくしてしまったから

1番

1 会社の制度を悪用する人がいるから

2 規準労働時間を超過して勤務したのに、手当てがもらえなかったから

3 仕事における自由度や自主性がなくなるから

4 時間にルーズな社員が多くてスケジュールが合わせられなくなったから

2番

1 感染者が増え続けて、授業を行う状況ではないから

2 狭い室内に集まって授業を受けることに抵抗を感じる受講生が多いから

3 受講生を管理するスタッフが足りないから

4 マスクを着用してダンスをするのが大変だから

3番

1 ミニマル生活を実践するため

2 空気清浄の効果があまりないため

3 家にハウスダストが溜まっているため

4 アレルギー症状を緩和させるため

4番

1 素人でもできる簡単な方法を教えてくれるところ

2 農具を持参しなくてもいいところ

3 空き時間を使って栽培できるところ

4 野菜を育てることによって達成感が味わえるところ

5番

1 商品のデザインや性能についての説明が不十分である

2 各項目の内容をコンパクトにした方がいい

3 タイトルには目立つ色を使った方がいい

4 様々なアプローチ方法を工夫しなければならない

6番

1 様々な人と付き合うことができるから

2 ストレス解消になるから

3 会社がサークルの経費を補助してくれるから

4 スポーツが苦手な人でも歓迎してくれるから

問題 3

問題 3 では、問題用紙に何も印刷されていません。この問題は、全体としてどんな内容かを聞く問題です。話の前に質問はありません。まず話を聞いてください。それから、質問とせんたくしを聞いて、1から4の中から、最もよいものを一つ選んでください。

― メモ ―

問題 4

問題 4 では、問題用紙に何も印刷されていません。まず文を聞いてください。それから、それに対する返事を聞いて、1 から 3 の中から、最もよいものを一つ選んでください。

— メモ —

問題 5

問題 5 では、長めの話を聞きます。この問題には練習はありません。
問題用紙にメモをとってもかまいません。

1 番

問題用紙に何も印刷されていません。まず話を聞いてください。それから、質問とせんたくしを聞いて、1 から 4 の中から、最も よいものを一つ選んでください。

－ メモ －

2番

まず話を聞いてください。それから、二つの質問を聞いて、それぞれ問題用紙の1から4の中から、最もよいものを一つ選んでください。

質問 1

1 特別価格で本が買えること

2 有名な作家に会えること

3 サンプルの本やポスターがもらえること

4 好きな現代アートの作家のコラボした限定本が買えること

質問 2

1 特別価格で本が買えること

2 有名な作家に会えること

3 サンプルの本やポスターがもらえること

4 好きな現代アートの作家のコラボした限定本が買えること

JLPT FINAL TEST N1

파이널 테스트 3회

파이널 테스트 채점표

자신의 실력이 어느 정도인지 확인할 수 있도록 임의적으로 만든 채점표입니다.
실제 시험은 상대 평가 방식이므로 오차가 발생할 수 있습니다.

언어지식 (문자·어휘·문법)

	3회	배점	만점	정답 문항 수	점수
문자・어휘・문법	문제 1	1점×6문항	6		
	문제 2	1점×7문항	7		
	문제 3	1점×6문항	6		
	문제 4	2점×6문항	12		
	문제 5	1점×10문항	10		
	문제 6	1점×5문항	5		
	문제 7	2점×5문항	10		
합계			56점		

***점수 계산법** : (언어지식(문자·어휘·문법) [ ]점÷56)×60 = [ ]점

독해

	3회	배점	만점	정답 문항 수	점수
독해	문제 8	2점×4문항	8		
	문제 9	2점×9문항	18		
	문제 10	3점×4문항	12		
	문제 11	3점×2문항	6		
	문제 12	3점×4문항	12		
	문제 13	2점×2문항	4		
합계			60점		

***점수 계산법** : (독해 [ ]점÷60)×60 = [ ]점

청해

	3회	배점	만점	정답 문항 수	점수
청해	문제 1	2점×5문항	10		
	문제 2	2점×6문항	12		
	문제 3	2점×5문항	10		
	문제 4	1점×11문항	11		
	문제 5	2점×3문항	6		
합계			49점		

***점수 계산법** : (청해 [ ]점÷49)×60 = [ ]점

N1

言語知識（文字・語彙・文法）・読解

（110分）

注　意
Notes

1．試験が始まるまで、この問題用紙を開けないでください。
Do not open this question booklet until the test begins.

2．この問題用紙を持って帰ることはできません。
Do not take this question booklet with you after the test.

3．受験番号と名前を下の欄に、受験票と同じように書いてください。
Write your examinee registration number and name clearly in each box below as written on your test voucher.

4．この問題用紙は、全部で３３ページあります。
This question booklet has 33 pages.

5．問題には解答番号の 1 、 2 、 3 …が付いています。解答は、解答用紙にある同じ番号のところにマークしてください。
One of the row numbers 1, 2, 3 … is given for each question. Mark your answer in the same row of the answer sheet.

受験番号　Examinee Registration Number	

名 前　Name	

問題1　＿＿＿＿の言葉の読み方として最もよいものを、1・2・3・4から一つ選びなさい。

1　大学入試のために、猛烈に勉強した。

1　もれつ　2　きょれつ　3　もうれつ　4　きょうれつ

2　雨が降って、乾いた畑を潤してくれた。

1　いやして　2　うるおして　3　ぬらして　4　たがやして

3　彼は魚の繁殖を研究している。

1　はんちょく　2　はんしょく　3　ばんちょく　4　ばんしょく

4　どんな場合であっても、自分が本来担うべき役割を見失ってしまってはいけない。

1　になう　2　まかなう　3　ねらう　4　かばう

5　ウイルスの感染を防ぐため、外出を控えるようにしている。

1　かんおん　2　かんせん　3　かんえん　4　かんしん

6　彼は自分の過ちを潔く認めた。

1　いさぎよく　2　きよく　3　こころよく　4　いさましく

問題2　（　　　）に入れるのに最もよいものを、1・2・3・4から一つ選びなさい。

7　我が社では社員の（　　　）を向上させるため、色々な取り組みを行っている。

1　ニーズ　　2　センス　　3　ノルマ　　4　モチベーション

8　彼は大金に目が（　　　）、犯罪を犯してしまった。

1　くらんで　　2　くらくて　　3　さえぎって　　4　あいて

9　いくら弱小チームとの試合だとしても、油断するのは（　　　）だ。

1　偏見　　2　禁物　　3　当然　　4　妥当

10　趣味で撮っている写真が賞を取った上に、海外の有名な雑誌に（　　　）されて、驚いた。

1　記載　　2　明記　　3　拡散　　4　掲載

11　戦争によって町が崩壊し、たくさんの（　　　）命を奪われた。

1　こころよい　　2　あさましい　　3　おびただしい　　4　とうとい

12　貧しい環境にいる人々の映像を見て、自分は恵まれていると（　　　）思う。

1　くよくよ　　2　かねがね　　3　つくづく　　4　ちょくちょく

13　国内でエネルギーの自給が可能になったため、（　　　）ことなく緊急事態を回避することができた。

1　つかさどる　　2　そなわる　　3　とどこおる　　4　せまる

問題3　＿＿＿の言葉に意味が最も近いものを、1・2・3・4から一つ選びなさい。

14　その会社は海外市場からの撤退をほのめかした。

1　あきらめた　2　におわせた　3　かくした　4　あきらかにした

15　台風が近づいているこんな時に海釣りなんて物好きだね。

1　変わっている　2　釣りが好きだ　3　特別だ　4　いいことだ

16　両者の実力差は歴然としていたが、それでも実戦では、練習試合とはまったく別種の緊張感があった。

1　あきらかにした　2　すがすがしかった
3　まぎらわしかった　4　はっきりしていた

17　心臓発作を押さえることができる薬の承認は、患者にとっては朗報に違いない。

1　心配事　2　気がかり　3　手がかり　4　うれしい知らせ

18　この国は治安がよくないので、夜間の外出は極力避けるようにしている。

1　明確に　2　できるだけ　3　じっくりと　4　しかたなく

19　会社の経営状態は厳しいが、職務をまっとうするために全力を尽くそうと思う。

1　負担する　2　実行する　3　担当する　4　完了する

問題4　次の言葉の使い方として最もよいものを、1・2・3・4から一つ選びなさい。

20　先駆ける

1　この会社は他社に先駆けて、「奨学金返済制度」を導入した。

2　重要な会議に先駆けて、1週間かけて資料を用意した。

3　オリンピックの開会式に先駆けて、選手を代表して挨拶をさせていただきます。

4　サービスとは相手が必要とすることを先駆けて、準備することです。

21　映える

1　海外旅行に行って、写真をたくさん映えていい思い出になった。

2　地味な服には派手な色のスカーフが映える。

3　彼女はいつも映えることばかり言うので、周りの人はいつも驚かされる。

4　彼女は鏡に映えた姿を見て、自分の美しさにうっとりしている。

22　忖度

1　急がないと列車の時間に間に合わないから、早く忖度して出かけよう。

2　アンケートによって消費者の意見を忖度したが、意外な結果が出て驚いた。

3　工場を建てるにはこの土地について忖度する必要がある。

4　今度の案件について忖度なしで率直な意見を聞かせて欲しい。

23　かろうじて

1　信用していた部下の犯行を知って、あまりの衝撃にかろうじて気を失いかけた。

2　崖から下を眺めていると、かろうじて飛び降りたいという衝動に駆られる。

3　去年定年退職した彼は年金だけでかろうじて生計を立てている。

4　対処が遅れていたら、かろうじてまた犠牲者が出るところだった。

24 互角

1 小さな工場でも技術さえ優れていれば、世界的な企業と互角に戦うことができる。

2 新しく建てられたビルは互角の珍しい形をしている。

3 企画担当者にはどんな時でも互角に考えられる能力が求められる。

4 強豪チームとの試合で頑張って戦った結果、互角の差で負けてしまった。

25 リーク

1 部下からの報告書にミスが見つかり、リークしてあげた。

2 著名な芸術家に関する不祥事が、関係者からリークされた。

3 顧客が入力した情報は直ちにリークされ、盗み見できないシステムになっている。

4 製造会社は新製品発表会を開き、製品の性能を大々的にリークした。

問題5　次の文の（　　）に入れるのに最もよいものを、1・2・3・4から一つ選びなさい。

26　首相の記者会見を（　　）、会場は緊張が高まっている。

1　あたって　　2　控えて　　3　あって　　4　あいまって

27　若者が都会へ行き、ますます過疎化している地方の産業をなんとかして活性化できない（　　）と考えている。

1　ものの　　2　ものだ　　3　ものか　　4　ものを

28　当初の予想を（　　）、新製品は順調に売り上げを伸ばしている。

1　含めて　　2　除いて　　3　よそに　　4　もとに

29　地震の研究が進んでいると言われる現代（　　）、地震発生を予知することは難しいとされている。

1　においてさえ　　2　においてこそ　　3　に対してさえ　　4　に対してこそ

30　急成長を遂げたあの会社は不景気により、工場の稼働停止（　　）らしい。

1　を余儀なくされた　　2　の至り

3　にかたくない　　4　にたえない

31　あの科学者の論文はその独創性（　　）当初は理解できる人がほとんどいなかった。

1　としても　　2　からには　　3　といえば　　4　ゆえに

32 彼は素直に（　　　）反抗してしまい、退学処分になってしまった。

1 謝るべく
2 謝るべきところを
3 謝るべきところに
4 謝るまじき

33 今年９０歳を迎える元村長にこの村に初めて高層ビルが建った時のことを聞いてみたら、鮮明に覚えて（　　　）、その記憶力に驚いた。

1 差し上げ
2 まいり
3 おいでになり
4 申し上げ

34 昨夜の豪雨が嘘のように今日は快晴で気温も上がった。（　　　）台風は過ぎ去ったようだ。

1 仮に
2 必ずしも
3 くれぐれも
4 どうやら

35 私が言っていることを今はお説教ぐらいにしか受け取っていないということは承知しているが、いつか役に（　　　）。

1 立たないとも限らない
2 立つまでだ
3 立ってやまない
4 立たないではすまない

問題6　次の文の＿★＿に入る最もよいものを、1・2・3・4から一つ選びなさい。

（問題例）

あそこで ＿＿ ＿＿ ＿★＿ ＿＿ は山田（やまだ）さんです。

1 テレビ　　2 見ている　　3 を　　4 人

（解答のしかた）

1. 正しい文はこうです。

あそこで ＿＿ ＿＿ ＿★＿ ＿＿ は山田（やまだ）さんです。 1 テレビ　3 を　2 見ている　4 人

2. ＿★＿に入る番号を解答用紙にマークします。

（解答用紙）

(例)	① ● ③ ④

---

36 システムトラブルが起こった原因は ＿＿＿ ＿＿＿ ＿★＿ ＿＿＿ ことを咎められた。

1 上司への　　2 ともかく　　3 しなかった　　4 報告すら

37 業績向上を図りたいと言っている新社長に対し、労働組合は労働条件 ＿＿＿ ＿＿＿ ＿★＿ ＿＿＿ ことだと対立している。

1 の　　2 なくして　　3 改善　　4 あり得ない

38 最近の農家は ＿＿＿＿ ＿＿＿＿ ＿★＿ ＿＿＿＿、最高の物を作るということを追求している。

1 こだわりを　2 譲れない　3 何かしらの　4 持っていて

39 海外の会社への就職を希望しているが、海外移住 ＿＿＿＿ ＿＿＿＿ ＿★＿ ＿＿＿＿ ので、慎重に考えるべきである。

1 ともなると　2 国によっては

3 後悔する　4 ことにもなりかねない

40 この町には昔ながらの手造りの酒蔵があるらしい。大の酒好きで特に ＿＿＿＿ ＿＿＿＿ ＿★＿ ＿＿＿＿ 帰ることはできない。

1 私としては　2 日本酒に興味のある

3 それを味わわずに　4 それを知ったからには

問題７　次の文章を読んで、文章全体の趣旨を踏まえて、［41］から［45］の中に入る最もよいものを、１・２・３・４から一つ選びなさい。

アメリカでテレビを見ていると、テレビに登場する人物が、視聴者にじかに語りかけることがじつに多い。統計をとって比べてみたわけではないから正確なことはいえないが、いずれにせよ、じかに語りかけられているという印象を強く受ける。ニュース番組［41］、コマーシャルがそうであり、インタビュー番組がそうである。また、同じニュース番組にしても、日本においてよりもはるかにじかに語りかけられているような気がする。アメリカのニュース・キャスターは誰もが確信をもって語りかけてくるというわけだが、むろん、彼らもまた視聴者をじかに見ているわけではない。まさにテレビ・カメラを見ているにすぎないわけだが、それがどうして［42］異なった印象を与えるのか。

テレビにおいてはアメリカが先輩だからなどということではあるまい。カメラに慣れているとは思えない人間でさえも確信をもって視聴者に、ということはつまりカメラのレンズに向かって語りかけてくるからである。とすれば、アメリカ人はもともとカメラのレンズに強いとでも考えるほかはない。

それではカメラのレンズに強いということはどういうことか。おそらく不特定多数の人間に対して強いということであろう。一般公衆に対して強いということになる。

そう考えて次の事実に思い当たった。［43］、日本人は語りかける相手によって語りかける言葉を変える必要があるという事実に。したがって、語りかける相手がどのような存在であるか確認してからでなければ、積極的に語りかけることができないのである。たとえば、日本人はカメラのレンズに向かってじかに「あなたは」と語りかけることはできないだろう。「あなたは」という語りかけは目上の者に対しては失礼にあたるからである。カメラのレンズを直視することにいささかのためらいを覚えるのも、また同じ理由にもとづいている。［44］もまた日本語の支配下にあるのである。

むろん、アメリカ人も語りかける相手によって言葉を［45］。だが、それは二義的(に ぎ てき)(注)なことにすぎない。自身の確信していることは、誰に対してであれ同じように、すなわち同じ言葉を用いて主張することができるのである。あえていえば、語りかける相手との関係が語りかけそのものをさえ規定してしまうのである。

（三浦雅士『イメージの前線』）

(注) 二義的(に ぎ てき)：二次的

41

1 をよそに　2 はもとより　3 にひきかえ　4 といい

42

1 これ見よがしに　2 こともなげに
3 これほどまでにも　4 こともあろうに

43

1 すなわち　2 しかしながら　3 もしくは　4 とはいえ

44

1 言葉　2 上下関係　3 礼儀　4 視線

45

1 変えないものでもない　2 変えないわけではない
3 変えるにあたらない　4 変えるきらいがある

問題8　次の⑴から⑷の文章を読んで、後の問いに対する答えとして最もよいものを、1・2・3・4から一つ選びなさい。

（1）

　意志力とは、常に身の回りにあるあらゆる誘惑に流されず、「衝動的な自己をコントロールして物事を成し遂げる力」のことである。学業で成功するかどうかも、優れたリーダーシップを発揮できるかどうかも、意志力が決め手だ。しかし、意志力のチャレンジが失敗しそうになると、私たちは怠け者だからなどと自分の性格のせいにしがちだ。しかし、大抵の場合は、慢性的にストレス状態にあるなど、心と体が自己コントロールに適さない状態にあるだけだ。その場合は前面に出てくるのは衝動的な自己となる。意志力のチャレンジで成功するためには、それらの状態を整える必要があるのだ。

46　筆者が最も言いたいことは何か。

1　意志力とは社会で成功するためになくてはならない力である。
2　人の性格によって意志力のチャレンジが失敗することもある。
3　心と体の状態を整えれば、意志力のチャレンジに成功することができる。
4　衝動的な自己がコントロールできない時はストレスが発散できるようなことをした方がいい。

（2）

知識人として生きていくためには何をすればよいか。まず日頃からできることとして、日刊紙を読むことがある。たった今の世界がどのようになっているか、世界の見取り図を自らの頭の中に作る。新聞はいわば日々更新される世界図である。最近は「インターネットを見れば十分」と言った理由から新聞は見ないという人もいる。確かに知りたいことの主題がわかっている時、インターネットはその先を提供してくれる。しかし、世の中に無数のことが日々発生している中で「何が問題か」を知るには、およそ無関係と思われる記事が雑然（ざつぜん）（注1）と並置（へいち）（注2）されている紙の新聞の紙面が要る。インターネットには深さはあるが広さがない。

（注1）雑然（ざつぜん）：いろいろなものが入り乱れて、まとまりのないさま
（注2）並置（へいち）：並列に並べること

47 筆者が最も言いたいことは何か。

1 知識人になるには、日頃から世界情勢をよく知っていなければならない。
2 新聞は全ての情報が一斉に入ってくるため、多様な分野の情報を自然と知ることができる。
3 インターネットでは自分が興味のある情報だけを得ることが多い。
4 自分が知りたいことについて情報を得るには新聞よりインターネットの方がいい。

（3）

今人間が行っている仕事の多くが、飛躍的な発展を遂げている人工知能に取って代わられるだろうといわれている。この点について注目すべきは、学校や企業における「従来の優等生」が持つ資質や能力は、ＡＩが最も得意とする領域であるということだ。つまり人間は今後、その上流、すなわち解決すべき問題や目的を見つけることにシフトしていくべきなのである。近年よく耳にするようになった「地頭がいい」という言葉は、「知識を詰め込んだのではなく、柔軟な発想ができて新しい分野にも短期間で対応できる力を持っている」ということを指している。言い換えれば、先に触れた「従来の優等生」とは正反対の能力であるといえる。

48 筆者が最も言いたいことは何か。

1 人工知能の発展に伴い、もっと知識の豊富な人材が必要となる。

2 どんなに人工知能が発達しても、人間の方が優れているので心配する必要がない。

3 今までとは違って、これからは探究心や応用力が高い人材が必要となる。

4 これから先企業が必要とする人材は多様な分野で頭角を現す人材である。

（4）

夢、と言う言葉のとらえかたはいろいろあると思うけれど、ポジティブにとらえられていることが多い。ポジティブというのはつまり、「叶う」と言う意味だ。夢を持ち続けていれば、それは必ず叶う、とよく言われている。

けれど私は、どうも夢と言う言葉にあまりいい印象を抱いていない。夢とは、叶わないもののことを言うのだと、どこかで思っている。なりふりかまわず努力して手に入れる物を、夢とは呼ばないだろう、と思うのだ。こうなったらいいなと願って、何もせずにその願いが叶った、と言う経験がないせいではないか。

（角田光代『希望と言う名のアナログ日記』）

49　筆者の考える夢とは何か。

1　夢とはポジティブな意味を持つものである。

2　夢とはいつか必ず叶うものである。

3　夢とは努力して叶えるものである。

4　夢とは努力せずに叶うものである。

問題９　次の(1)から(3)の文章を読んで、後の問いに対する答えとして最もよいものを、１・２・３・４から一つ選びなさい。

（1）

日本人は一般的には、神社仏閣、能(のう)(注1)や茶道など、古きよき日本の伝統が好きで、それを誇りに思っているのだが、その一方で、実生活では伝統などはお構いなしである。

まず、屈指の横文字カタカナ氾濫社会であることを見、若者の言葉を聞けば、①国語における伝統の軽視は一目瞭然である。古典としての言語の純粋性に対する感度が、フランスなどに比べてきわめて低い。実際、現在の日本語は横文字カタカナを抜きには成り立たなくなっている。年々大袈裟になるクリスマスのイルミネーションが終わると、正月には、依然として大勢の人が神社仏閣に初詣に行く。クリスマスまではまだよいとして、最近は、ハロウィーンも定着しつつあるようだ。

その一方で、立春から大寒までの二十四節気にそった日本の伝統行事は、テレビのニュースの枕詞(まくらことば)(注2)である。

また、食べ物に強いこだわりをもつ日本人は、旬にこだわるが、今は養殖、輸入、ハウス栽培などで、ほとんど一年中手に入る。イチゴもスイカも一年中あるといってもよい。二十四時間営業のコンビニが繁茂(はんも)(注3)するように、消費者が望むことなら、利便性の向上のためにならなんでもやる。アメリカに勝るとも劣らない商業マインドである。こうした高度消費者中心資本主義が、日本の一面としてすでに社会に根を下ろしている。

さらに、最近ではボジョレー・ヌーボーに始まり、イタリア産ポルチーニ(注4)やトリュフなどといった外国産のもので旬を感じて楽しむといった②本末転倒なことを国民挙(こくみんあ)げて(注5)行なっている。

（小笠原泰『なんとなく、日本人』による）

（注1）能（のう）：日本の伝統芸能
（注2）枕詞（まくらことば）：ある特定の言葉にかかる修飾的な言葉
（注3）繁茂（はんも）：繁盛・繁栄すること
（注4）ポルチーニ：キノコの一種
（注5）国民挙げて（こくみんあ）：国民すべて

50 ①国語における伝統の軽視とはどういう意味か。

1 最近の若者は国語より英語の教育にもっと力を入れている。
2 最近の若者は日本の伝統的な文化に関心がない。
3 最近の若者は外来語を使用することが多くなった。
4 最近の若者は日本の古典を嫌う傾向がある。

51 ②本末転倒なこととして合っているものはどれか。

1 日本の若者は日本の伝統を見下ろしていて、カタカナ語はよく使っている。
2 日本人はお正月の行事より外国から入った文化をもっと楽しんでいる。
3 日本の伝統の旬にこだわっているにもかかわらず、一年中旬のものが食べられるようにしている。
4 日本の伝統である旬を外国産のもので楽しんでいる。

52 筆者が最も言いたいことは何か。

1 日本では伝統も海外の文化も大切にしている。
2 海外の文化を抵抗なく受け入れる日本人の考え方は理解しにくい。
3 海外の文化がどんどん入ってくるため、だんだん伝統文化が失われつつある。
4 日本人にとって伝統文化はなくてはならないものである。

（2）

暴力と言論とは、ふつう、まったく対立的なものと考えられている。①一般論としては、たしかにその通りであろう。文明の進歩の重要な一面は、暴力を言論におきかえていく点にある。しかし、そのようなおきかえが可能であるということは、両者の働きに共通性があるということを意味している。だから、私たちは、一方において、人を攻撃したり傷つけたり支配したりする「暴力的」な側面を言論のなかにみいだすことができると同時に、他方においては、暴力を一種の言論として(あるいはむしろコミュニケーションとして)とらえることもできる。

たとえば、主君をいさめるための切腹（せっぷく）(注)、身の潔白を訴えるための自殺、あるいは何かに抗議するための自殺と言ったケースを考えてみると、これらはすべてわが身に暴力を加えることによって何かをアピールしているわけであるから、このような場合の暴力は明らかに一種のコミュニケーション、非言語的コミュニケーションである。

②このことは、自分に対する暴力だけでなく他者に対する暴力についてもいえる。子どものけんかなどをみていると、たいてい口げんかからはじまって、いい負かされた方が先に手を出す、反論の言葉を失って暴力に訴えるのである。これを暴力によるコミュニケーションの破壊とみるのは簡単であるが、この子にしてみれば、むしろ暴力によって反論し、コミュニケーションを継続しているのかもしれない。

(井上俊『風俗の社会学』)

(注) 切腹（せっぷく）：刃物などで自らの腹部を切り裂いて死ぬ自殺の一方法

53 ここで言う①一般論とは何か。

1 暴力とはよくないものである。

2 暴力と言論は全く違うものである。

3 暴力と言論は似ているものである。

4 暴力とは一種のコミュニケーションである。

54 ②このこととは何か。

1 暴力を加えることもコミュニケーションの一種だということ

2 暴力にはいろいろな役割があるということ

3 非言語コミュニケーションは暴力だけだということ

4 暴力を正当化すること

55 筆者がこの文章で言っていることは何か。

1 暴力をその行為だけで判断するのはよくない。

2 自分に対する暴力だけでなく、他人に対する暴力も許してはならない。

3 暴力と言論は共通性を持っている。

4 コミュニケーションとしての暴力は許すべきである。

（3）

学校で習う ①歴史や教科書に書かれている歴史は、政治の流れや権力の移り代わりを中心に語られることが多い。そこに登場する人物も、歴史の表舞台で活躍した英雄や政治家、宗教家や文化人といった有名人ばかりである。歴史は、あたかもそのような人たちによってつくられたかのように錯覚してしまいがちである。

しかし ②実際はそうではない。歴史とは、一部の権力者たちによる物語などではなく、無数の人々によって紡（つむ）（注1）がれてきた豊かで多様な時間の集合体なのだ。そう考えてみると歴史を考えるヒントというのは、あらゆるところにひそんでいるといえる。いま生きている社会や自分自身の暮らしを見つめなおすこともまた、歴史を考えるための大きなヒントなのである。

私は歴史を勉強するようになって、いつのころからか、そんなことを考えるようになり、政治の歴史や権力者の歴史とは対義語（たいぎご）（注2）にある歴史を描いてみたい、と思うようになった。だが、実際のところ、その作業はとても難しい。歴史を知るための古文書や記録はその多くが、当時の権力者たちがみずからの正当性を主張するために残したものだからである。

しかし、「たまたま」「はからずも」残った史料、というものもある。(中略)

私はいつのころからか、そうした断片的な資料から、歴史の表舞台にあらわれない過去の人々の思いを探るという手法に、のめり込んでしまった。そして、そうした細やかな史料にこだわればこだわるほど、その当時の社会の本質を垣間見ることができるのではないか、と思うようになっていった。「③歴史は細部に宿る」という思いを強くしたのである。

（三上喜孝『天皇はなぜ紙幣に描かれないのか』）

(注1) 紡（つむ）ぐ：複数のものをつなげて作り上げる
(注2) 対義語（たいぎご）：意味が反対となる語や、意味が対照的になっている語

56 ここで言う①歴史に合っていないものはどれか。

1 その時代の英雄や権力者によって書かれた歴史

2 あらゆるところにひそんでいるヒントによって書かれた歴史

3 権力者たちが自分を正当化するために書いた歴史

4 有名人によってつくられたかのように錯覚してしまう歴史

57 ②実際はそうではないとあるが、これはどういうことか。

1 歴史はその時代を生きていた全ての人々によってつくられたものである。

2 歴史とは今を生きている私たちがつくっていくものである。

3 学校などで習った歴史は全て間違った歴史である。

4 私たちが知っている歴史は権力者によって書き換えられたものである。

58 ③歴史は細部に宿るとはどんな意味か。

1 細かいこだわりによってもっと歴史をよく知ることができる。

2 私たちが知っている歴史が本当なのか確かめるべきである。

3 歴史は時間をかけて地道に研究していくものである。

4 あまり細かいことは気にせずにもっと探究していくべきである。

問題10　次の文章を読んで、後の問いに対する答えとして最もよいものを、1・2・3・4から一つ選びなさい。

山の畑の工作を始めた頃、私は村の人々の使うある言葉のなかにおもしろい使い分けのあることに気付いた。それは「稼ぎ」と「仕事」の使い分けだった。

「稼ぎに行ってくる」村人がそう言うとき、それは賃労働に出かける、あるいはお金のために労働することを意味していた。日本の山村は農村よりはるか昔から商品経済の社会になっている。食料を十分に自給することができず、自給自足的な生活を不可能にしてきた山村の社会では、昔から交換が生活のなかに浸透していたのである。その結果貨幣を求めて賃労働に従事することは、農村より早い段階から村人の生活の一形態になっていた。

しかし ①「稼ぎ」は決して人間的な仕事を意味してはいなかった。それは村人にとってあくまでお金のためにする仕事であり、もししないですむのならその方がいい仕事なのである。

ところが村人に ②「仕事」と表現されているものはそうではない。それは人間的な営みである。そしてその多くは直接自然と関係している。山の木を育てる仕事、山の作業道を修理する仕事、畑の作物を育てる仕事、自分の手で家や橋を修理する仕事、そして寄合に行ったり、祭りの準備に行く仕事、即ち山村に暮らす以上おこなわなければ自然や村や暮らしが壊れてしまうような諸々の行為を、村人は「仕事」と表現していた。

もちろんこの「仕事」は収入に寄与する場合もしない場合もある。理想的にいえば、村人は ③＿＿＿＿＿＿ を望んでいる、しかし現実にはそうはいかない。賃労働に出て貨幣を得なければ山村の生活はなりたたないのである。そこから生まれたたくみな使い分け、それが「稼ぎ」と「仕事」であった。

私は山村を訪れて、しばしば村人のこの使い分けに感心させられた。ある表現をとるなら、村人は使用価値をつくりだす、あるいはそのことが直接みえる労働を「仕事」と表現し、貨幣を得る労働を「稼ぎ」と表現していたのである。だから村の子供たちが都会に出て、すでに何十年も会社勤めをしているときでも、村人は「子供は東京に稼ぎに出ている」と表現した。サラリーマンになることは村人にはどうしても「仕事」とは映らなかったのである。同じようにたとえば山の下枝を伐りに行くときでも、そこに自分の主体性が発揮できるとき、労働を自分の手で工夫できるときには村人は「仕事」に行くと表現した。誰に命令されるわけでもなく、労働の結果がいつの日かお金になるかどうかもわからない。しかし下枝を伐り、木を育て、自然と人間の交流を培っていく行為がそこにはある。

ところが全く同じ労働をするときでも、たとえば営林署(えいりんしょ)(注)の下請仕事のようなかたちで下枝を伐りに行くときには、それは、④村人にとっては「仕事」ではなく「稼ぎ」だった。

（内山節『自然と人間の哲学』）

（注）営林署(えいりんしょ)：国・公有林の管理・経営にあたった役所

59　村人の考える①稼ぎとして合っていないものはどれか。

1　お金を稼ぐためにする仕事

2　あまりしたくない仕事

3　お金になる仕事

4　自然と関係のある仕事

60　村人の考える②仕事とは、どんなものか。

1　誰かに強いられてする仕事

2　日々の生活のためにする仕事

3　お金にならなくても、楽しい仕事

4　満足はできないが、しなければならない仕事

61 ③＿＿＿＿＿＿に入る文章を選びなさい。

1 「仕事」をして、その結果、生活もうまくいくこと

2 「稼ぎ」に出て、多くの収入を得ること

3 働かないで豊かに暮らすこと

4 都会に出て、便利な暮らしをすること

62 ④村人にとっては「仕事」ではなく「稼ぎ」だったのはどうしてか。

1 自然と交流できる仕事ではなかったから

2 使用価値がある仕事ではなかったから

3 お金が稼げる仕事だったから

4 自分が主体性を持って仕事をするのではないから

問題11　次のAとBの文章を読んで、後の問いに対する答えとして最もよいものを、1・2・3・4から一つ選びなさい。

A

デジタルデトックスとは、一定期間スマートフォンやパソコンなどのデジタルデバイスとの距離を置くことでストレスを軽減し、現実世界でのコミュニケーションや、自然とのつながりにフォーカスする取り組みである。これは、デジタルを完全に手放して生きようというものではなく、より健全にデジタルデバイスやインターネットと付き合っていくために行うものである。電車に乗っている時などのふとした瞬間にスマホを見ないだけでも新たな気付きがあったり、様々なポジティブな効果を体験することが出来る。研究によると人は自然とつながることで、本来持っている生命力を活性化することが出来、ストレスホルモンの数値が良い数値を示すという。

B

そもそもデトックスで大事なことは、文字通り体内の毒物がある場合に、排出しなければならないということである。だが､人間の体には「デジタル」という毒物は堆積(たいせき)(注)しないので、この考え方は当てはまらない。デジタルデトックスとは、むしろ集中的なダイエットに近い。しばらくの間、痩せることを目指して何も食べないで、高カロリーの食事の習慣をなくせたらと思っているかもしれないが、実際には元の習慣に戻るまでの罪悪感を和らげるだけである。デジタルデトックスではほとんどの通知をオフにすることはできるが、その分スマホを見る回数が増え、スマホなしの生活ができるわけではない。「昔はみんなスマホなしの生活をしてたよ！」と言う人もいるかもしれないが、はたして昔のように紙の地図だけを頼りに旅をすることで十分だと思えるだろうか。

(注) 堆積(たいせき)：いく重にも高く積み重なること

63 AとBに共通して述べている内容はどれか。

1 デジタルは人にストレスを与えるものなので、できるだけ使わない方がいい。

2 すでにデジタルと共存している私たちにとってそれを完全に手放すことはできない。

3 今のような現状ではデジタルデトックスは不可能である。

4 デジタルデトックスを通して、人間の生活をより豊かにすることができる。

64 AとBの内容から分かることとして正しいものはどれか。

1 Aは人間のストレスはデジタルから来ているため、ストレス解消のためにも現実世界とのコミュニケーションを大切にするべきであると述べている。

2 Aは日常生活の中で少しの間だけでもスマホを使わないことによって、様々な肯定的な効果を得ることができると述べている。

3 Bは本来デジタルとは排出しなければならない毒ではないし、デジタルを使う習慣も直せるものではないから、直そうと努力する必要がないと述べている。

4 Bではダイエットのようにデジタルデトックスをしているうちにだんだんデジタルを意識しなくなり、昔の習慣に戻るまで罪悪感も減らすことができると述べている。

問題12　次の文章を読んで、後の問いに対する答えとして最もよいものを、1・2・3・4から一つ選びなさい。

かつて大人たちは、子供たちがゲームやテレビアニメに熱中しているのを見ると、「現実とヴァーチャル世界の区別のつかない人間になってしまう」と心配した。そして、時に子供たちが信じがたい、残忍な犯罪を起こすと、「ゲームやアニメの世界で簡単に人が死んでいくのを見てきたから現実世界でもゲーム感覚で人を殺すようになった」とマスコミは書きたてた。しかし、当時そういった、いかにも短絡的で、ステレオタイプな論調を耳にするたびに、「いくらゲームやアニメ漬けの生活をしていたとしても、実際に現実とヴァーチャルの区別がつかなくなり、シューティングゲームで敵を殺すように、簡単に人間を殺してしまうなんてことは、まずあり得ない」と、多くの人は思っていたはずだ。

①そういった論調は実際、言っている側も、子供たちの射幸心(しゃこうしん)(注1)を煽ろうとするアニメやゲーム業界に対する批判といった色合いが強く、本当のところ、どこまで信じていたのかも怪しい気がする。

それほどに、かつて「現実世界」というものは確固たるものと信じられていた。しかし、どうやらそうではないらしいことが、しだいに明らかになりつつある。

日本人は、戦後一貫して、アニメ、ゲーム、キャラクターに囲まれる生活をしてきた。そして、キャラクターとの間にはもはや抜き差しならないほどの強い精神的な絆を結んでいる。その中で、②「キャラ化」の感覚は常に、ぼくらと寄り添い、身体化(しんたいか)(注2)し続けているのだ。キャラクターだけでなく、高度情報化の包囲網もぼくらから③「現実世界」を奪いつつある。

一九九十年代以降のインターネット、携帯電話の急速な普及は、高度情報化社会を一気に生活レベルにまで浸透させた。今では、多くのビジネスマンは日々パソコンの前で生活し、他の多くの人たちも携帯電話から目が離せない生活を送っている。実際、電車に乗ると、半数以上の人が携帯電話の画面を覗き込み、メールかゲームに興じている。これは、もはや当たり前になってしまった日常風景なのだが、少し引いてみると、ある種異様な光景でもある。彼らは、本当に「現実世界」を生きているのだろうか。

また、こういった情報化社会の中でぼくらは現実世界のほとんどに「情報」あるいは「データ」として接触するようになった。現実世界は何者かによって恣意的(注3)に編集され、集約され、それをぼくらも恣意的に選択する。言うまでもなく、ぼくらの現実認識は情報によってしかなされなくなってしまったのだ。ぼくらが「現実だ」と思いこんでいるものの多くも、実際のところ本当にそうかどうかは怪しくなっているのである。

（相原博之『キャラ化するニッポン』）

(注1) 射幸心：努力や苦労をすることなく、利益や成功だけを願う気持ち
(注2) 身体化する：体の一部になっている。当たり前になっている
(注3) 恣意的に：思うままに。勝手に

65　①そういった論調として合っているのはどれか。

1　アニメやゲーム業界が子供たちの射幸心を煽っているということ

2　現実の世界とゲームが区別がつかなくなっているということ

3　ゲームの影響で犯罪が増えているということ

4　アニメやゲーム業界をいたずらに批判しているということ

66　②キャラ化の意味として正しいものはどれか。

1　自分の好きなキャラクターの行動や服装を真似ること

2　アニメやキャラクターが好きすぎてそれ以外のことに興味を持たないこと

3　現実よりもアニメやキャラクターにリアリティを感じてしまうこと

4　アニメやキャラクターが自分の理想の姿であると思ってしまうこと

67 ③「現実世界」を奪いつつあるのはどんな理由からなのか。

1 携帯電話の普及により、業務時間が増え、プライベートな時間が減ったから

2 高度情報化社会になり、日常の多くの時間を仮想世界で過ごすようになったから

3 ゲームをする時間が増え、それ以外の活動をしなくなったから

4 現実から逃避し、仮想世界で楽しみを感じる人が増えたから

68 筆者の最も言いたいことは何か。

1 今の社会では現実を情報としてしか捉えられず、しかも意図的に選別されたデータに依存する傾向にある。

2 情報を通して現実と接触している今の社会では対人関係の構築が難しくなっている。

3 情報が氾濫している社会では、現実社会を変容する恐れがあるので注意する必要がある。

4 仮想社会ではなく、もっと現実社会で生きることに努めなくてはいけない。

問題13　右のページは、新宿区立図書館の利用案内である。下の問いに対する答えとして最もよいものを、1・2・3・4から一つ選びなさい。

69　次の人の中で図書館を利用できる人は誰か。

1　東京都外に住んでいて東京都内の会社に勤めている人

2　東京都外に住んでいて新宿区内の大学に通っている人

3　東京都内に住んでいて住所を証明するものを持っていない外国人

4　東京都外に住んでいる小学生

70　本文の内容と合っているのは、次のどれか。

1　新宿区の他の図書館にある資料も予約なしに借りることができる。

2　借りた雑誌はインターネットで手続きすれば2週間延長して借りることができる。

3　借りた紙芝居は予約が入っていなければ、貸出期間内に延長ができる。

4　本と雑誌はいつでも各図書館入口の『ブックポスト』に返せばいい。

新宿区立図書館のご利用案内

◯利用登録

• 貸出を希望する場合は利用登録をし、利用者カードの交付を受けてください。
• 登録できるのは、次のいずれかの方です。

（1）現住所が東京都内の方
健康保険証・運転免許証・在留カードなど公の住所を証明するもの
(※小学生以下の場合は不要です。)

（2）京都外の方で新宿区内に在勤・在学している方
上記証明書及び在勤・在学（社員証・学生証）の証明書

◯貸出手続き

• お借りになる資料と利用カードを貸出カウンターまでお持ちください。
• 各新宿区立図書館で所蔵している資料は、どの区立図書館でも借りて受け取ることができますが、借りる時には他館から取り寄せるため、カウンターまたはインターネットによる「予約手続き」が必要となります。

◯貸出冊数・期間

• 貸出資料：図書・紙芝居・雑誌
• 貸出点数：あわせて10冊
• 貸出期間：２週間

※貸出の延長をするには本や紙芝居は、予約が入っていなければ、延長できます。
(但し、雑誌は延長不可)
貸出期間を延長する場合は、各図書館の窓口及びインターネットでお手続きください。

◯返却手続き

• 新宿区立図書館（区役所内分室を除く）なら、どこでも返却できます。
• 開館時は、各図書館のカウンターへお持ちください。
• 閉館時のみ、各図書館の「ブックポスト」に返却できます。

N1

聴解

(55分)

注　　意

Notes

1. 試験が始まるまで、この問題用紙を開けないでください。
Do not open this question booklet until the test begins.

2. この問題用紙を持って帰ることはできません。
Do not take this question booklet with you after the test.

3. 受験番号と名前を下の欄に、受験票と同じように書いてください。
Write your examinee registration number and name clearly in each box below as written on your test voucher.

4. この問題用紙は、全部で１２ページあります。
This question booklet has 12 pages.

5. この問題用紙にメモをとってもかまいません。
You may make notes in this question booklet.

受験番号　Examinee Registration Number	

名 前　Name	

問題 1

問題 1 では、まず質問を聞いてください。それから話を聞いて、問題用紙の 1 から 4 の中から、最も よいものを一つ選んでください。

例

1 企画書を見せる

2 製品の説明を書き直す

3 データを新しくする

4 パソコンを準備する

1番

1 アンケート調査の質問事項を直す

2 アンケートする学校に確認の電話を入れる

3 アンケート承諾書を書いてもらう

4 アンケートをしてくれる留学生にあげるペンを買う

2番

1 キャビネットに保管する資料を整理する

2 処分すべきかどうかわからない書類を持ってくる

3 視察団に渡す書類を準備する

4 視察団を案内する

3番

1 香りを弱める

2 泡が立ちやすくする

3 汚れを落とす成分を増やす

4 肌荒れを防ぐ成分を増やす

4番

1 先生に断りの電話をかける

2 本を買いに行く

3 区立図書館に登録する

4 スーツを買いに行く

5番

1 個別指導に関する具体案を考える

2 幼稚園児のクラスに関する具体案を考える

3 高齢者向けのクラスに関する具体案を考える

4 空いている教室を図書館として使うことに関する具体案を考える

問題 2

問題 2 では、まず質問を聞いてください。そのあと、問題用紙のせんたくしを読んでください。読む時間があります。それから話を聞いて、問題用紙の 1 から 4 の中から、最もよいものを一つ選んでください。

例

1 昨日までに資料を渡さなかったから
2 飲み会で飲みすぎて寝てしまったから
3 飲み会に資料を持っていったから
4 資料をなくしてしまったから

1番

1 店の人に補修してもらうことにした

2 店の人に弁償してもらうことにした

3 海外のショッピングサイトで買うことにした

4 海外にいる友達に買って送ってもらうことにした

2番

1 家具を買い替えた方がいい

2 テーブルのレイアウトを変えた方がいい

3 壁の色を変えた方がいい

4 照明を明るくした方がいい

3番(ばん)

1 植木(うえき)に水(みず)をやりすぎたから

2 日当(ひあ)たりのいい所(ところ)に置(お)いたから

3 肥料(ひりょう)を与(あた)えなかったから

4 冷(ひ)える所(ところ)に置(お)いたから

4番(ばん)

1 公平(こうへい)に男子(だんし)にも使(つか)うべきだ

2 特別(とくべつ)な意味(いみ)があるからいいと思(おも)う

3 性差別(せいさべつ)ではないから、使(つか)ってもかまわない

4 女子(じょし)にだけ使(つか)うのは理解(りかい)できない

5番

1 目が疲れるから困る

2 持ち運びが楽でいい

3 表紙だけを見て買わなければならないから、不便だ

4 本を読んでから貸すことができないから、残念だ

6番

1 長持ちするからいい

2 もしもの時のために1週間分は買っておいた方がいい

3 乾いていそうだから、あまり食べたくない

4 種類が多くていい

問題 3

問題3では、問題用紙に何も印刷されていません。この問題は、全体としてどんな内容かを聞く問題です。話の前に質問はありません。まず話を聞いてください。それから、質問とせんたくしを聞いて、1から4の中から、最もよいものを一つ選んでください。

－ メモ －

問題4

問題4では、問題用紙に何も印刷されていません。まず文を聞いてください。それから、それに対する返事を聞いて、1から3の中から、最もよいものを一つ選んでください。

－ メモ －

問題５

問題５では、長めの話を聞きます。この問題には練習はありません。
問題用紙にメモをとってもかまいません。

１番

問題用紙に何も印刷されていません。まず話を聞いてください。それから、質問とせんたくしを聞いて、１から４の中から、最もよいものを一つ選んでください。

－ メモ －

2番

まず話を聞いてください。それから、二つの質問を聞いて、それぞれ問題用紙の1から4の中から、最もよいものを一つ選んでください。

質問1

1 地域支援活動
2 災害支援活動
3 文化支援活動
4 学生消防団

質問2

1 地域支援活動
2 災害支援活動
3 文化支援活動
4 学生消防団

JLPT FINAL TEST N1

파이널 테스트 4회

파이널 테스트 채점표

자신의 실력이 어느 정도인지 확인할 수 있도록 임의적으로 만든 채점표입니다.
실제 시험은 상대 평가 방식이므로 오차가 발생할 수 있습니다.

언어지식 (문자·어휘·문법)

	4회	배점	만점	정답 문항 수	점수
문자·어휘·문법	문제 1	1점×6문항	6		
	문제 2	1점×7문항	7		
	문제 3	1점×6문항	6		
	문제 4	2점×6문항	12		
	문제 5	1점×10문항	10		
	문제 6	1점×5문항	5		
	문제 7	2점×5문항	10		
합계			56점		

***점수 계산법** : (언어지식(문자·어휘·문법) [ ]점÷56)×60 = [ ]점

독해

	4회	배점	만점	정답 문항 수	점수
독해	문제 8	2점×4문항	8		
	문제 9	2점×9문항	18		
	문제 10	3점×4문항	12		
	문제 11	3점×2문항	6		
	문제 12	3점×4문항	12		
	문제 13	2점×2문항	4		
합계			60점		

***점수 계산법** : (독해 [ ]점÷60)×60 = [ ]점

청해

	4회	배점	만점	정답 문항 수	점수
청해	문제 1	2점×5문항	10		
	문제 2	2점×6문항	12		
	문제 3	2점×5문항	10		
	문제 4	1점×11문항	11		
	문제 5	2점×3문항	6		
합계			49점		

***점수 계산법** : (청해 [ ]점÷49)×60 = [ ]점

N1

言語知識（文字・語彙・文法）・読解

（110分）

注　　意
Notes

1．試験が始まるまで、この問題用紙を開けないでください。
Do not open this question booklet until the test begins.

2．この問題用紙を持って帰ることはできません。
Do not take this question booklet with you after the test.

3．受験番号と名前を下の欄に、受験票と同じように書いてください。
Write your examinee registration number and name clearly in each box below as written on your test voucher.

4．この問題用紙は、全部で３３ページあります。
This question booklet has 33 pages.

5．問題には解答番号の 1 、 2 、 3 …が付いています。解答は、解答用紙にある同じ番号のところにマークしてください。
One of the row numbers 1, 2, 3 … is given for each question. Mark your answer in the same row of the answer sheet.

受験番号　Examinee Registration Number	

名 前　Name	

問題1　＿＿＿＿の言葉の読み方として最もよいものを、1・2・3・4から一つ選びなさい。

1　人脈を広げるために会社のサークルに加入した。

1 じんみゃく　2 じんまく　3 にんみゃく　4 にんまく

2　今回は現代人が抱えている様々な慢性（まんせい）疾病についてお話しいたします。

1 しつびょう　2 じつびょう　3 しっぺい　4 じっぺい

3　動物の中で最も鋭い嗅覚の持ち主はゾウだと言われています。

1 かしこい　2 するどい　3 にぶい　4 えらい

4　テロリズムによって尊い命が失われた。

1 とうとい　2 あやうい　3 たやすい　4 いさぎよい

5　その都市は抗議デモで緊迫した状況に置かれている。

1 きんはく　2 きんぱく　3 ぎんはく　4 ぎんぱく

6　A遊園地は相次ぐアトラクションの事故により閉鎖するに至った。

1 ふうさ　2 ふうさい　3 へいさ　4 へいさい

問題2　（　　　）に入れるのに最もよいものを、1・2・3・4から一つ選びなさい。

7　犯人は（　　　）を突きつけられてようやく犯行を認めた。

1　責任　　2　脅威　　3　基盤　　4　証拠

8　老舗ならではの経営の（　　　）があるに違いない。

1　ノウハウ　　2　ベテラン　　3　ノルマ　　4　バリエーション

9　草木の（　　　）森の中にいると心身ともに癒される。

1　積もる　　2　防ぐ　　3　茂る　　4　潤う

10　勉強で疲れているのか息子は机の前で（　　　）していた。

1　うとうと　　2　のびのび　　3　ぐんぐん　　4　がぶがぶ

11　増加の（　　　）をたどっています。

1　一層　　2　一途　　3　一掃　　4　一斉

12　このおもちゃは図案を見て（　　　）ください。

1　組み立てて　　2　分かち合って　　3　見合わせて　　4　寄り添って

13　手先が（　　　）なところを生かして美容師の資格を取りたい。

1　抜群　　2　器用　　3　奇抜　　4　敏感

問題3　＿＿＿＿の言葉に意味が最も近いものを、１・２・３・４から一つ選びなさい。

14　人を見下ろすような言い方はやめた方がいい。

1　否定する　　2　脅す　　3　無視する　　4　軽視する

15　ピザソースのチューブを勢いよく押すと中身が飛び散る場合があります。

1　ぐいぐい　　2　ばくばく　　3　むざむざ　　4　はきはき

16　私はたまに放心状態に陥ることがある。

1　ぼーっとする　　2　はっとする　　3　呆れる　　4　我に返る

17　手に負えない仕事ゆえに放棄してしまった。

1　失敗して　　2　諦めて　　3　辞めて　　4　譲って

18　部長は用心深い人で仕事上でのミスは許さない。

1　真剣な　　2　勤勉な　　3　慎重な　　4　内気な

19　愚痴ばかり言う人はなるべく避けたい。

1　文句　　2　言い訳　　3　冗談　　4　嘘

問題４　次の言葉の使い方として最もよいものを、１・２・３・４から一つ選びなさい。

20　紛らわしい

1　どちらの商品が本物なのか紛らわしい。

2　私には原色より紛らわしい色の方が似合う。

3　近所の道路に大きな凹みがあり、運転するのが紛らわしい。

4　井上さんがあんなに愚かな行動をするなんて本当に紛らわしい。

21　緩やか

1　緩やかに発表するためには、声の大きさ、話すスピードが大切である。

2　健康のために味付けは緩やかにしている。

3　緩やかな山道を一時間かけて登った。

4　緩やかに休養をとるようにしないと疲労がたまって仕事に支障が出る

22　いたわる

1　先生の教えをいたわりながら生活しています。

2　慌しい世の中において唯一いたわれる存在は家族しかいない。

3　闘病生活をしている親をいわたっています。

4　ホストファミリーは外国の生活に慣れていない私をよくいわたってくれました。

23　食い違う

1　雇用制度の見直しについて役員同士の意見が食い違って話がなかなか進まない。

2　訪問先の住所が食い違って無駄足を運んでしまった。

3　自分が予想したよりも多くの問題が食い違って成績がよくなかった。

4　的外れの食い違った答えをするからよく上司に怒られる。

24 一向に

1 自分が好きなことばかり一向にしていられるわけではありません。

2 息子は家に引きこもって一向に出かけようとしません。

3 オフィスビル周辺の景観を巡る取り組みが一向に進んでいます。

4 7月に入って一向に気温が上がって、蒸し暑くなってきた。

25 思わしい

1 志願した大学から合格の通知が届いてとても思わしかった。

2 社員の思わしい協力があってこそ今のような成長があったのだろう。

3 温暖化対策としてチェーン店の営業時間を短縮することは思わしい。

4 体調がどうも思わしくなかったため、病欠を出して会社を休むことにした。

問題5　次の文の（　　）に入れるのに最もよいものを、1・2・3・4から一つ選びなさい。

26　伝統工芸品は地域経済の発展や活性化に寄与するとともに、地域の文化を守り続ける大きな役割を担っていると思いますが、どのような工夫をされていらっしゃるのか（　　）。

1　お聞かせください　　2　お聞きになってもよろしいですか
3　聞かざるをえません　　4　お聞きになりたい

27　母語話者（　　）紛らわしい文法が外国人学習者に分かるはずがない。

1　はおろか　　2　さえ　　3　のかたわら　　4　にもまして

28　同僚のアドバイスを（　　）転職したあげく、さんざん苦労している。

1　かわきりに　　2　へて　　3　ふまえて　　4　よそに

29　顧客「すみません。そちらの通販で購入したワンピースなんですが、実際の色と画面上の色が違って返品してもらいたいのですが…。」
係員「お客様、申し訳ございませんが、セール品の返品は（　　）。」

1　できかねます　　2　遠慮してもらいます
3　了解いたしました　　4　辞めらせていただきます

30　彼は趣味で絵を描いているのにもかかわらず、芸術家を気取る（　　）。

1　にかたくない　　2　べからず　　3　きらいがある　　4　までのことだ

31　黒ずくめの衣装を着て身長が２メートル（　　　）男が後ろについてきてとても怖かった。

1　からなる　　2　からある　　3　からする　　4　からの

32　１０年間英語の勉強をしたのに、作文（　　　）簡単な日常会話すらできない。

1　はおろか　　2　とあれば　　3　とはいえ　　4　ときたら

33　世界中で脚光を浴びているアーティストの展覧会（　　　）多くの人が詰めかけた。

1　にあって　　2　にひきかえ　　3　とあって　　4　といえども

34　今更急いで行った（　　　）もう間に合わないと思うよ。

1　ところを　　2　ところへ　　3　ところに　　4　ところで

35　部長、企画書についてお聞きしたいことがございますが、少しだけお時間をいただいても（　　　）。

1　差し支えないでしょうか　　2　お手数ではないでしょうか

3　ご迷惑をおかけしたのでしょうか　　4　恐縮ではないでしょうか

問題6　次の文の ＿★＿ に入る最もよいものを、1・2・3・4から一つ選びなさい。

（問題例）

あそこで ＿＿＿ ＿＿＿ ＿★＿ ＿＿＿ は山田（やまだ）さんです。

1 テレビ　　2 ている　　3 を　　4 人

（解答のしかた）

1. 正しい文はこうです。

あそこで ＿＿＿ ＿＿＿ ＿★＿ ＿＿＿ は山田（やまだ）さんです。 1 テレビ　3 を　2 見ている　4 人

2. ＿★＿ に入る番号を解答用紙にマークします。

（解答用紙）

(例)	① ● ③ ④

36　経済の打撃を ＿＿＿ ＿＿＿ ＿★＿ ＿＿＿ 打ち出した。

1 方針を　　2 消費税を

3 緩和せんがために　　4 引き上げる

37　災害が起きた時に、＿＿＿ ＿＿＿ ＿＿＿ ＿★＿ 素早く把握することである。

1 被害状況を　　2 真っ先に

3 住民の安否確認や　　4 取り組むべきことは

38 世界遺産に ＿＿＿＿ ＿★＿ ＿＿＿＿ ＿＿＿＿ 当局は頭を悩ませている。

1 発生しているが　　2 取締りようがなく
3 問題が相次いで　　4 落書きをする

39 子供の ＿★＿ ＿＿＿＿ ＿＿＿＿ ＿＿＿＿ 設置されています。

1 交通事故にあう　　2 スクールゾーンが
3 登下校時に　　4 リスクを減らすため

40 教育者 ＿＿＿＿ ＿★＿ ＿＿＿＿ ＿＿＿＿ 発揮できるよう指導するべきである。

1 子供たちが　　2 潜在力を
3 たるもの　　4 それぞれ持っている

問題７　次の文章を読んで、文章全体の趣旨を踏まえて、[41] から [45] の中に入る最もよいものを、１・２・３・４から一つ選びなさい。

生態系に優しい、地球に優しい、というような言い方にはずっと違和感があったし、今もある。現在起こっている様々な環境問題は、「地球」の問題などではなく、「人類」の問題だと思うからだ。二酸化炭素の排出量が無限に増えて地上から酸素がなくなっても、嫌気性（酸素に触れると死んでしまう生物）のバクテリアなどは [41]。大気圏のオゾン層が完全に破壊されても、対流圏の大気汚染がさらにひどくなっても、あらゆる国・地域の土壌や地下水がダイオキシンなどで汚染されても、すべての河川が干上がって全地球が砂漠化しても、温暖化で気温が１０度上がっても、生き残る生物はいるし、その方が [42] という生物もいる。

わたしたちは、地球上の生物を代表して、ほかの全生物のために環境問題に取り組んでいるというような [43]。わたしたちは、実際のところ、地球のために環境について考えているわけではないし、地球上のほかの生物のためでもない。わたしたちは、わたしたち自身に「都合がいい」地球環境を守ろうとしているのだ。[44]、そもそも地球環境を今のような深刻な状態にしたのはわたしたち人類である。地球は、別にわたしたち人類から優しくしてもらわなくても存続していくし、どんな形であれ生態系も存続していく。たとえば、環境に配慮した製品というのは、「地球に優しい」のではなく、「人類の存続に都合がいい」ものなのである。

しかし、それでも、地球環境を守るのは、合理的なことだし、わたしたち日本人は、高度成長期に汚染され、破壊された自然を [45]。しかし、いったい誰が、なぜ、そして何のため自然環境を破壊し、汚染したのかということは、前提として捉えておかなければいけないと思う。

（村上 龍『１３歳のハローワーク』より）

41

1 生き残ることができる
2 生き残るわけがない
3 生き残るしかない
4 生き残らざるを得ない

42

1 都合がつかない
2 都合がある
3 都合がいい
4 都合が悪い

43

1 怠惰な生活をしやすい
2 傲慢な思い違いをしやすい
3 善意を施しやすい
4 愚かな行いをしやすい

44

1 しかし
2 したがって
3 一方
4 しかも

45

1 修復しなければならない
2 修復しても仕方がない
3 修復にあたらない
4 修復にきりがない

問題８　次の⑴から⑷の文章を読んで、後の問いに対する答えとして最もよいものを、１・２・３・４から一つ選びなさい。

（1）

近年の広帯域ネットワーク技術、コンピューター技術、小型デバイス技術の進化により、誰もが、いつどこで何をしていても、どんな端末でも、お互いの状況を理解し、会話を楽しめる「ユビキタスネットワーク」が現実のものとなっています。ユビキタスとは、「どこにでも存在する」という意味のラテン語であり、ユビキタスネットワークには次世代のあらゆる社会活動や経済活動を支えるインフラストラクチャに成長することが期待されています。コンピューターの世界では、マイクロコンピューターの小型化・性能向上の発展により、今やほぼすべての電子機器に搭載されたコンピューターが互いに連携するユビキタスコンピューティングの時代が到来しています。

（谷 英明・竹内章平・吉田吉憲『ユビキタスネットワークに向けた課題』より）

46　筆者の考えに合うのはどれか。

1　ユビキタスは、自分と似たような価値観、趣味嗜好を持った人たちが集まる閉鎖的空間である。

2　電子機器に搭載されている組み込みソフトウエアは様々である。

3　近年、ＩＴネットワークが生活環境のあらゆるところに組み込まれ、互いに連携しつつある。

4　ネットワークの高度化とアクセスの技術の標準化が今後の課題である。

（2）

犯罪機会論は犯罪の機会を与えないことで、犯罪を未然に防止しようとする。特徴的なのは、この理論は犯罪者を特別視しないことである。犯罪者とそうでない人間とのあいだに違いはない。どんな人間でも機会があれば犯罪に及ぶし、また機会がなければ実行しないと考えるのだ。それゆえどんな人間にとっても犯罪に及びにくいような「環境」を整えようというのが、犯罪機会論の発想にほかならない。

こうした発想を持つ環境犯罪学が「安全・安心の街づくり」のベースになっているのだ。それはハード面での施策である。「犯罪防止に配慮した環境設計活動の推進」と、ソフト面での施策である「地域安全活動の推進」の両面から進められている。

（浜井浩一・芹沢一也『犯罪不安社会 誰もが「不審者」?』より）

47　犯罪機会論の発想に最も近いものはどれか。

1　犯罪を犯さないように子供の時から徹底的に教育する。

2　より一層、安全・安心な街づくりを推進する。

3　危険を感じたときは防犯ベルを鳴らす。

4　日頃から人を警戒するように心がける。

（3）

気象状況による臨時休校について

台風などの気象状況により臨時休校することになりました。それに伴う桜小学校の学事日程についてご案内いたします。生徒は一年間190日以上、授業を受けなければなりません。臨時休校によって不足した授業時間の確保のため、長期休校の短縮が行われることがあります。1学期は夏休みを7日を減らし、2学期は冬休みを8日減らしました。学校行事の日程は下記のとおりです。

夏季休校　20○○年8月1日（土）～20○○年8月23日（日）

冬季休校　20○○年12月26日（土）～20○○年1月27日（木）

春季休校　20◇◇年3月26日（金）～20◇◇年4月5日（月）

お問い合わせ：教育振興部　教育指導課　管理係

電話：03－5632－9800

ファクス：03－3112－2345

48　本文の内容と合っているのは次のどれか。

1　特別警報の指標は学校のホームページに掲載されている。

2　登校に支障がある時は自宅にて待機させてもよい。

3　臨時休校で減った授業日数を補うために休み期間を調整した。

4　地域の状況に応じて、下校時間を変更するなど、適切な措置を講じる。

（4）

ある文章をめぐって自分の考えを述べるとき、与えられた文章中の自分が書けそうな部分や気に入った箇所に対して好き勝手に述べればいいというわけではない。筆者の主張、つまりテーマに向き合ってものを言わなければ意味がないのだ。これはなにかの会議やプロジェクトなどでもそうだろう。会議のねらいであるテーマを出席者が共有せず、議論が混乱し、何について集中的に話し合うべきなのかがわからないまま時間が無駄に過ぎていくという経験をした人は多いはずだ。賛成するにしろ、反対するにしろ効率的な会議のためには、出席者がひとまずテーマを共有していなければならない。書く方法を見つけるために素材を読むときもこれらと同じだ。

（大堀精一『小論文書き方と考え方』より）

49 筆者は書く方法を見つけるためにどうするべきだと言っているか。

1 テーマを確認し、筆者の考えをたどっていくことが肝心である。

2 気に入った箇所を取り上げて、自分の考えを素直に書くのが大事である。

3 集中的に話したいところをまとめておくのが重要である。

4 賛成するか、反対するかのように一つの立場に立って意見を述べた方がいい。

問題９　次の⑴から⑶の文章を読んで、後の問いに対する答えとして最もよいものを、１・２・３・４から一つ選びなさい。

（1）

大宇宙に法則があることは誰もが知っています。しかし、私たちの人生にも法則があることを知る人はそう多くはいないのではないでしょうか。ジョセフ・マーフィー博士は「人生には永久不滅の法則がある。それはあなたがあきらめてしまわない限り、奇跡は必ず現実になることである」と述べています。

マーフィー博士はこれを人生の①黄金率（ゴールデンルール）と呼びました。このゴールデンルールを知って上手に活用すれば、人は誰でも自分の思い描いた人生を生きることができるのです。

夢も成功も、富を得ることも、さらにはすばらしい恋愛や結婚も思いのままであるというのです。このゴールデンルールとは、潜在意識から発する偉大な力、すなわち潜在能力のことです。

この法則が人生のあらゆるところに働いていることを深く理解することが「マーフィーの法則」を理解する肝（きも）（注）であり、人生に勝利するコツでもあるのです。

②潜在意識の力を自分のものにするには、なりたい自分になりつつあるとイメージすること。失敗・恐怖・損失の考えを追い出し、成功・富・健康の考えで心の中を満たすこと。そして、強く思い描いた夢や願望は必ず実現するという不変の法則を信じることです。これを信じるか、疑うかで人生の結果は大きく違ってきます。

マーフィー博士は「あらゆる時代の天才・偉人はみな、この宇宙の偉大な法則を信じてきた」と言っています。あなたも、マーフィーの法則を信じることができますが、疑うこともできます。どちらを選ぶかはあなたしだいです。

（http://kujira.bufsiz.jp/ より）

（注）肝（きも）：物事の重要な点

50 ①黄金率の例として適切なものは何か。

1 夜遅く家に帰ったのに、親が寝ていてばれずに済んだ。

2 机の整理整頓をしていたら引き出しの奥にお金があった。

3 諦めずに頑張っていたら、ついに昇進することができた。

4 上司の機嫌がよくなくて、些細なことで八つ当たりされた。

51 ②潜在意識の力を自分のものにするために求められるのは何か。

1 失敗を恐れずにとにかく様々なことに挑戦する。

2 様々な法則について深く研究し、それに従うようにする。

3 石橋を叩いて渡る気持ちで物事を常に疑ってから行動する。

4 望んでいることには確信を持ち、前向きな姿勢で進む。

52 本文の内容からマーフィー博士が最も言いたいことは何か。

1 宇宙の法則を信じ、天才の行動を見習うべきだ。

2 人生の結果はあなたの考え次第である。

3 人生のあらゆるところに潜んでいる危険から逃れるべきだ。

4 世の中に不変の法則のようなものは存在しない。

（2）

第二次世界大戦中に、アメリカでは、軍人を対象として、短期間に集中的に外国語を教えるための特別な訓練を行った。この教育計画の一環として、構造言語学や行動心理学の理論に基づいた新しい外国語教授法が開発された。種々の言語がこの教授法によって教えられたが、特に日本語教育では、多大な成果を収めた。約２年間ほど続けられたこの教授法は、アーミー・メソッドとして知られているが、１９５０年代の半ばにはオーディオ・リンガル・メソッド（Ａ－Ｌ教授法）として、外国語として英語教育に応用されるようになった。この教授法では、外国語の学習は新しい習慣の形成であるとみなす。意味よりも文の構造を重視し、口頭練習から読み書きへと進む。文法は大量の文型練習を通して、類推により学ぶ。難しさの原因は、学習する言語と学習者の母語との相違点にあるので、両言語の対照分析から、学習上の困難点の予測ができると考えられた。

ミシガン大学のチャールズ・フリースが提唱したところからミシガン方式とも呼ばれ、戦後の外国語教育理論の主流となった。Ａ－Ｌ方式(Audio－Lingual approach)、Aural-Oral方式などとも呼ばれるが、「approach」は語学学習理論や言語の本質に関する基本的理論を表し、「method」はこれらの理念に基づいた具体的な教育方法を意味する。

53　オーディオ・リンガル・メソッド（Ａ－Ｌ教授法）はどのようなものか。

1　文型練習は行わず、口頭練習を重視する。

2　母国語は排除して、学習する言語を中心に教える。

3　文の構造よりも意味を重視する。

4　文型の練習や類推を用いて理解を促す。

54 言語習得の難しさの原因は何か。

1 短期間に集中するのが困難だから

2 習得言語と母語の言語体系が異なるから

3 新しい習慣の形成ができていないから

4 具体的な教育方法がいまだないから

55 A－L教授法の手順（てじゅん）として適切なものは何か。

1 集中力強化、口頭練習の順で進む。

2 勉強する習慣形成、母国語排除、読み書き練習の順で進む。

3 口頭練習、読み書き練習の順で進む。

4 母語との相違点分析、習慣形成、文型練習の順で進む。

（3）

自然破壊、環境破壊が起こっているということは、毎日のように新聞に出ているし、テレビにも出ている。温暖化とか、砂漠化とか、森林伐採（ばっさい）（注）とか、種の全滅とかいった言葉も、聞き飽きるほど聞いている。あるいは空気や水が汚染され、食べ物に添加物が入っている、というような問題。人間がその空気を吸い、水を飲み、食べ物を食べることで、癌になる人が増えていることも、とても ①身近な問題になっている。

それは環境問題だけでなく、貧富の差や南北問題といった問題についても言える。貧富の差が広がっているということは誰でも分かっているし、ひじょうに大きな飢餓が起こっている国があることも知っている。

先進工業国の政治家は万能薬として自由化を進めているが、その自由化が問題を悪化させていることは明らかだ。例えば、NAFTA（北米自由貿易協定）によってアメリカの安いトウモロコシがメキシコに入ってきて、メキシコのトウモロコシ産業が破壊されたのは有名な話だ。そういう例はたくさんある。そして、貿易の自由化ではなく、投資の自由化によって、世界一安い賃金を探す大企業による競争が、結果として先進工業国の実質賃金も下げている。つまり、投資の自由化は ②「搾取の自由化」と呼んでもいいようなものである。これもすべて新聞を読めば分かることである。

（C. ダグラス・ラミス『経済成長がなければ私たちは豊かになれないのだろうか』より）

（注）伐採（ばっさい）：森林の木を切り倒すこと

56 ①身近な問題はどのようなことか。

1 食中毒が原因で起こるトラブル

2 環境問題に関わる諸問題

3 これといった癌の治療薬がないこと

4 天然記念物が全滅の危機に直面している問題

57 ②搾取の自由化とあるが、それはなぜだと考えられるか。

1 安い賃金で人を雇おうとするから

2 投資したお金を回収できないから

3 先進国の利益へと偏ってしまうから

4 政治家によって意図された結果だから

58 筆者は「自由化」についてどのように考えているか。

1 自由化によってグローバル化が進み、国境の意味があまりなくなった。

2 自由化によって環境破壊が進むようになった。

3 高い賃金を求めて海外へ出稼ぎに行く人が増えつつある。

4 自由化は貧富の差を解決するどころか、むしろ悪化させている。

問題10　次の文章を読んで、後の問いに対する答えとして最もよいものを、1・2・3・4から一つ選びなさい。

今は追憶の世界に住む人だというのを抜きにしても、姉さまは本当に美しい人でした。くっきりとした二重瞼（ふたえまぶた）に筋の通ったお鼻、目の色は黒というより鳶色（とびいろ）です。肌はまるで牛乳のように白く、髪もほんのり栗色で、まるでロシアの美しい少女のようでした。

実際、近所の口の悪い人たちは、どこかの外国人と母さまの間に生まれた子ではないか…と ①無礼な噂をしていたくらいです。今から思えば、父さまが、家を空けておられていたことと、鈴音（りんね）という珍しい名前が、その風説を一層もっともらしく感じさせていたのでしょう。

もちろん、私はそんな噂を真に受けたことは一度もありません。けれど、たとえば一緒にお風呂屋さんに行った時や、土間に盥（たらい）を出して行水する姉さまの裸を見たりすると、無責任な噂が出る理由もわかる気がしたのです。体が弱くて運動はからきしなのに、姉さまはしなやかで美しい体の線を持っていました。見事に均斉がとれていて、当時の日本女性とはずいぶん違っていたと思います。ずっと後になって、オリンピックで十点満点を連発したルーマニアの体操選手の美少女がいましたけれど、彼女は顔も体形も、姉さまによく似ていたと思います。

そんな姉さまを羨ましく思ったことがないと言えば、やはり嘘になるでしょう。美貌の姉さまに比べれば、私はそれこそ白鳥と雀くらいに違っておりました。ごらんの通り、どんぐりの眼に大きな口、鼻は胡坐（あぐら）をかいたようで、眉尻（まゆじり）が情けなく下がっています。いつもお便所に行きたいのをこらえているような顔で、小さい頃には「下駄っこ」なんて失礼な渾名（あだな）で呼ぶ人もあったくらいです。

けれど、姉さまは、そんな私をとても可愛がってくださいました。いつも「ワッコちゃん、ワッコちゃん」と呼んで、小さい頃から何をするのも一緒でした。父さまがおられず、母さまは私たちを育てるために働き詰めでしたが、姉さまのおかげで、私は一度も寂しいと思ったことはありませんでした。

ただ、一つ残念だったのは、先ほどもちらりと申しましたが、そんなに美しい容貌を持ちながら、姉さまはとても体が弱かったということです。

小学校の頃は ②季節の変わり目ごとに伏せる程度でしたが、中学生になると何かにつけて熱が出るようになりました。時には意識を無くしてしまうほどの高熱になる場合さえあり、そんな時、姉さまの白雪の肌は紫色に染まりました。命が危ういとお医者さんに宣言されたことも、一度や二度ではありません。

「天は二物を与えずというけれど、本当なのねえ。」病欠の続く姉さまをお見舞いに来た中学の若い女性教師が、いつか残念そうに言っていたことがあります。見かけがどれほど美しくても、外に出られる体がなければ仕方がない…とでも言いたかったのでしょう。ずいぶん ③思いやりのない言葉だと思いますが、（もしかすると、先生は姉さまの美しさに嫉妬していたのかも知れません）、実はそれは大きな間違いです。

確かにお姉さまが中学の制服に袖を通したのは、普通の人の半分ほどだったのでしょう。勉強もよくできるのに、出席日数が足りないために、通信簿はいつも2ばかりでした。

（朱川湊人『わくらば日記』）

59　①無礼な噂が広まっている理由として考えられるのは次のどれか。

1　父の不在、姉の珍しい名前や異国的な顔つき

2　外国籍の父、近所の口の悪い人たち

3　姉の鳶色（とびいろ）の目や衰弱した体つき

4　両親の出稼ぎ、姉の美しい容貌

4회

60 ②季節の変わり目ごとに伏せる程度から分かることは何か。

1 出席日数が足りなかったにもかかわらず、勉強ができた。

2 中学の若い教師によく注意された。

3 中学生の時より体の調子が良好であった。

4 医者に命が危ういと言われ、入院するようになった。

61 筆者は姉にどのような感情を持っていると考えられるか。

1 生まれつき美しい姉の外見が妬ましいと思っている。

2 顔は綺麗でも体が弱いから、神様は公平だと思っている。

3 自分の味方であった姉を恋しく思っている。

4 病気を治すのに専念してほしいと思っている。

62 ③思いやりのない言葉とは何か。

1 姉の体が弱いことについて教師が皮肉めいた言い方をしたこと

2 通信簿が２であることは自業自得だというふうに言ったこと

3 医者からの宣言を姉にそのまま伝えたこと

4 見舞いに来なければならないことを嫌がる口調で話したこと

問題11　次のAとBの文章を読んで、後の問いに対する答えとして最もよいものを、1・2・3・4から一つ選びなさい。

A

マニュアルはラテン語で「手が動く」という意味である。具体的に現場でどう行動するかを示したものである。世界国家を作ったローマ人は行動が全てであること、行動が戦争に勝つか負けるかを決定するのは、一定の標準的機能の遂行であることを知っていた。

企業戦略上の視点からみたコンプライアンス維持の重要性とか、企業の存続をかけた事業ミックスといった経営行動とそれが実行に移されたときの現場の行動の2つを結びつけるのがマニュアルである。

現代の国際経済の苛烈(かれつ)(注1)な競争を考えるとき、それらはポエニ戦争をはるかに超える厳しさであろう。だから、マニュアルは、消耗(しょうもう)(注2)の激しい現代の企業経営に必要なのである。

(https://www.tairapromote.co.jp/column/135/ より)

(注1) 苛烈(かれつ)：とても厳しく、激しいさま
(注2) 消耗(しょうもう)：使ってなくすこと

B

効率的な業務遂行、ミスのない業務遂行の実現には、業務マニュアルの整備が欠かせません。また、リスク管理やコンプライアンスの視点からも、マニュアルの重要性が増しています。（中略）

業務マニュアルの整備や更新がうまくいかない原因は、「業務をきちんと遂行している人たちにとって、業務マニュアルは不要である」という認識にあります。つまり、担当者の異動や退職などによって、業務遂行上支障が生じなければ、業務マニュアルの必要性・重要性に気がつかないということです。業務マニュアルの整備は、その必要性・重要性の認識と整備や更新の体制づくりから始めることが、成功の秘訣です。

(https://www.jmac.co.jp/_images/service/consulting/pdf/236.pdf?n=1352903258/ より)

63 マニュアルについて、AとBの文章で共通して述べていることは何か。

1 企業戦略を定める上で欠かせないものである。

2 時間の無駄を無くすのに、最も有効な方法である。

3 業務マニュアルは状況に合わせて、頻繁に更新せねばならない。

4 企業の業務になくてはならないものである。

64 マニュアルのあり方についてAとBの筆者はそれぞれどのような立場をとっているか。

1 Aは競争社会において欠かせないものだと述べ、Bはマニュアルがあるだけでは不十分で、さらなる整備や更新が必要だと述べている。

2 Aは古代ローマのあり方を継承すべきだと述べ、Bは現代の状況に合わせた体制づくりが重要だと述べている。

3 Aは現場でどう働くかを具体的に示すべきだと述べ、Bは業務マニュアル自体が不要であると述べている。

4 Aは経営基盤を固めるものだと述べ、Bはむしろ業務を妨げる要因になると述べている。

問題12　次の文章を読んで、後の問いに対する答えとして最もよいものを、1・2・3・4から一つ選びなさい。

従来の貧困の概念と社会的排除の概念が異なるのは、後者が、金銭的・物質的な欠乏から人間関係の欠乏に視野を広げたということだけではない。

①社会的排除が、貧困と異なるいちばんの大きな点は、貧困は「低い生活水準である状態」を示す概念であるのに対し、社会的排除は「低い生活水準にされた状態」を示すという点である。

すなわち、「排除」という言葉から連想されるように、社会的排除は、誰か、または何かが、誰かに対して行う行為である。排除される側と排除する側があるのである。

従来の貧困の考え方は、市場経済の営みそのものは不問としたうえで、その中で発生する貧困問題は ②「自然の成り行き」と理解し、貧困は、その貧困の当事者側の問題であると理解するものであった。

すなわち、悪いのはその人の学歴が低いから、離婚したから、結婚しないから、単身世帯だから、障害を抱えているから、小さな子供がいるからなど、その人に起因する理由がもとで困窮が発生していると考えるのである。

孤立や社会サポートの欠如についても同様である。孤立してしまった人やサポートのない人が、そのような状況になったのは、その人の家族が悪いからだ、その人の性格に問題があるからだと、あくまでも、問題の所在はその人と理解する。

そこには、いつも、「自己責任だから」という暗黙の了解が流れている。これに対して、社会的排除は、問題が社会の側にあると理解する概念である。社会のどのような仕組みが、孤立した人を生み出したのか、制度やコミュニティがどのようにして個人を排除しているのか。社会的排除に対する第一の政策は、「排除しないようにすること」なのである。

たとえば、なぜ単身世帯であることが、社会的孤立につながるのか。なぜ、同居の家族以外の社会サポートが築きにくいのか。それは、社会の側から、手を差し伸べることをしていないからではないか。その人が、人とつながり合うことを躊躇(ちゅうちょ)(注)してしまうような要因を、社会の側が作っていないか。③社会の仕組みが、人々をより孤立へ、排除へ、貧困へ、追い込んでいるのではないだろうか。意図せずとも、社会の仕組みや制度が、人を排除に仕向けているのではないか。

社会的排除の概念は、社会のありようを疑問視しているのである。これは、大きな発想の転換である。

（阿部 彩『弱者の居場所がいない社会』より）

(注) 躊躇（ちゅうちょ）：決心がつかず、迷うこと

65 ①社会的排除とはどのようなものか。

1 低い生活水準である状態

2 現代社会の仕組み

3 資本主義の限界

4 困窮な生活を強いられる状態

66 ②「自然の成り行き」と考えられる項目は次のどれか。

1 貧困問題、孤立、社会サポートの欠如

2 貧困問題、市場経済、社会的仕組み

3 コミュニティ、社会的排除

4 社会の上層部、心理的打撃

67 現在の③社会の仕組みはどうなっていると言っているのか。

1 困窮な人に手を差し伸べている。

2 人々が困窮な状態に落ちやすい雰囲気になっている。

3 新たなサポートを整備している。

4 意図して人々を排除するように促している。

68 筆者が最も言いたいことは何か。

1 貧困や社会的排除は切っても切れない関係である。

2 社会の仕組みによって人とのつながりが強くなっている。

3 人を孤立させないためには、社会的排除に目を向けるべきだ。

4 貧困状態に陥るのは自己責任であり、自然の成り行きである。

問題13　右のページは、居住者のペット飼育しつけマナー講習について書かれた案内である。下の問いに対する答えとして最もよいものを、1・2・3・4から一つ選びなさい。

69　鈴木さんは子犬を飼い始めたばかりであるが、夜中に鳴いたり、吠えたりして、近所に迷惑をかけている。鈴木さんに適切な講習会は次のどれか。

1　事前に申し込みを済ませて、犬を連れて、25日の午前中の講習会に参加する。

2　当日申し込みで、犬を同伴せずに、日曜日の午前中の講習会に参加する。

3　事前に申し込みを済ませて、犬を同伴せずに、日曜日の午前中の講習会に参加する。

4　当日申し込みで、犬を連れて、日曜日の午後の講習会に参加する。

70　本文の内容と合っているのは、次のどれか。

1　居住者同士でペットに関する悩みを話し合うためのイベントである。

2　ペット、飼い主、地域の人々がともに暮らせるために役立つ情報が得られる企画である。

3　マンションにペットによる苦情が寄せられて、それを解決するための対案を話し合うイベントである。

4　子犬を迎えるための準備と注意事項について教えてくれるセミナーである。

居住者のペット飼育しつけマナー講習のご案内

ペットは人間社会の中で、人間の決めたルールに従い生きていかねばなりません。そのため飼い主は自分のペットにそのルールを教えてあげなければなりません。ペットのしつけは飼い主に社会的責任があると言っても良いでしょう。飼い主も他者に気を配り、自分のペットが迷惑をかけないようにルールやマナーを学ぶ必要があります。飼い主と愛犬がともに幸せに暮らしていくために必要なしつけやマナーを学ぶことによって、愛犬との絆をさらに深めましょう。

＊ 講習内容

1. 地域社会に迷惑をかけずマナーを守り、犬との生活を楽しむために必要なこと
2. ほめてしつけるトレーニング方法によって基本的なしつけができるようにするためにはどうするべきか。
3. 犬の健康管理、予防を適切に行うための備えや心構えについて
4. トイレ、抜け毛の掃除、ほえ癖、コミュニケーションについての知識について

＊ 開催日

講習内容によって開催日が異なりますので、予めご確認した上、お申し込みください。

7月２５日（土）１０：００～１２：００（講習内容１、２）
7月２５日（土）１３：００～１５：００（講習内容２、３）
7月２６日（日）１０：００～１２：００（講習内容３、４）
7月２６日（日）１３：００～１６：００（講習内容全て）

＊ 開催場所：1階　セミナー室
＊ 対象者：居住者の方であれば、どなたでも受講していただきます。
＊ 参加費：無料
＊ 定員：２０名（先着順とさせていただきます。）
＊ 持ち物：ペットのトイレ、リード
＊ 参加方法：7月１０日までに、1階フロントにお申し出ください。

※ 先着順ですので、お早めにお申し込みください。
※ ペット同伴は遠慮させていただきますので、ご了承ください。

4
회

N1

聴解

(55分)

注　意
Notes

1. 試験が始まるまで、この問題用紙を開けないでください。
Do not open this question booklet until the test begins.

2. この問題用紙を持って帰ることはできません。
Do not take this question booklet with you after the test.

3. 受験番号と名前を下の欄に、受験票と同じように書いてください。
Write your examinee registration number and name clearly in each box below as written on your test voucher.

4. この問題用紙は、全部で１２ページあります。
This question booklet has 12 pages.

5. この問題用紙にメモをとってもかまいません。
You may make notes in this question booklet.

受験番号 Examinee Registration Number	

名 前 Name	

問題 1

問題 1 では、まず質問を聞いてください。それから話を聞いて、問題用紙の 1 から 4 の中から、最もよいものを一つ選んでください。

例

1 企画書を見せる

2 製品の説明を書き直す

3 データを新しくする

4 パソコンを準備する

1番

1 不在届を出す

2 新聞を止めてもらう

3 管理会社に連絡する

4 換気扇をつける

2番

1 ポスターを書き直す

2 メニューを書き直す

3 Tシャツの色を変えてもらう

4 食材を注文する

3番

1　図書館に行って本を返す

2　男の人に返却を頼む

3　駅内にある返却ポストを利用する

4　図書館の返却ポストに入れておく

4番

1　夕方以降はノンカフェインのコーヒーを飲むようにする

2　カフェインが入っている食品は食べない

3　夕方以降はコーヒーを控える

4　お風呂上りの時だけコーヒーを飲む

5番

1 学校の教養科目の英語の授業を申請する
2 友達が通っている英語教室に一緒に行く
3 インターネットを引いて、オンライン講座を受けてみる
4 友達がお勧めしてくれた先生に一対一のレッスンを受ける

4
회

問題2

問題2では、まず質問を聞いてください。そのあと、問題用紙のせんたくしを読んでください。読む時間があります。それから話を聞いて、問題用紙の1から4の中から、最もよいものを一つ選んでください。

例

1 昨日までに資料を渡さなかったから

2 飲み会で飲みすぎて寝てしまったから

3 飲み会に資料を持っていったから

4 資料をなくしてしまったから

1番

1 会社の福祉制度が少ないこと

2 せっかくある会社の福祉制度がうまく活用できないこと

3 健康診断の検査項目が他の会社に比べて少ないこと

4 社員の検査は日にちが決まっていること

2番

1 外の空気が悪くて喘息に悪いから

2 オゾン注意報の説明を聞いたあと、納得したから

3 自転車で公園に行くのは危ないから

4 マスクをつけなければならないのに、マスクがなかったから

3番

1 自然災害で被害を受けている人を支援するため

2 自宅にいる時間が長くなるにつれ、郷愁をそそられるから

3 高くても今しか買えない限定商品だから

4 昔から人気のある商品は今も相変わらず知名度が高いから

4番

1 マンションの管理事務所で飼っている猫だから

2 飼い主が見つかるまでマンションの住民が保護することにしたから

3 すくすく育っているのを見ていると嬉しくなるから

4 飼い主が特定できない猫が可哀相だから

5番

1 本の表紙はきれいだが、中に落書きがたくさんあったから

2 購買年度が古くて、金額も高かったから

3 本の表紙の写真があるだけで、他の必要情報がなかったから

4 値段は安かったが、汚れがひどかったから

6番

1 ドラマの宣伝が不十分だったから

2 ドラマの素材が共感を呼ぶことができなかったから

3 ありきたりのストーリーだったから

4 役者の演技が未熟だったから

問題 3

問題 3 では、問題用紙に何も印刷されていません。この問題は、全体としてどんな内容かを聞く問題です。話の前に質問はありません。まず話を聞いてください。それから、質問とせんたくしを聞いて、1 から 4 の中から、最もよいものを一つ選んでください。

－ メモ －

問題 4

問題 4 では、問題用紙に何も印刷されていません。まず文を聞いてください。それから、それに対する返事を聞いて、1 から 3 の中から、最もよいものを一つ選んでください。

－ メモ －

問題 5

問題 5 では、長めの話を聞きます。この問題には練習はありません。

問題用紙にメモをとってもかまいません。

1 番

問題用紙に何も印刷されていません。まず話を聞いてください。それから、質問とせんたくしを聞いて、1 から 4 の中から、最もよいものを一つ選んでください。

－ メモ －

2番

まず話を聞いてください。それから、二つの質問を聞いて、それぞれ問題用紙の1から4の中から、最もよいものを一つ選んでください。

質問1

1 真ん中が左右より高い枕
2 真ん中が左右より低い枕
3 長方形の枕
4 首元安定型の枕

質問2

1 真ん中が左右より高い枕
2 真ん中が左右より低い枕
3 長方形の枕
4 首元安定型の枕

JLPT FINAL TEST N1

파이널 테스트 5회

파이널 테스트 채점표

자신의 실력이 어느 정도인지 확인할 수 있도록 임의적으로 만든 채점표입니다.
실제 시험은 상대 평가 방식이므로 오차가 발생할 수 있습니다.

언어지식 (문자·어휘·문법)

	5회	배점	만점	정답 문항 수	점수
문자・어휘・문법	문제 1	1점×6문항	6		
	문제 2	1점×7문항	7		
	문제 3	1점×6문항	6		
	문제 4	2점×6문항	12		
	문제 5	1점×10문항	10		
	문제 6	1점×5문항	5		
	문제 7	2점×5문항	10		
합계			56점		

***점수 계산법** : (언어지식(문자·어휘·문법) [ ]점÷56)×60 = [ ]점

독해

	5회	배점	만점	정답 문항 수	점수
독해	문제 8	2점×4문항	8		
	문제 9	2점×9문항	18		
	문제 10	3점×4문항	12		
	문제 11	3점×2문항	6		
	문제 12	3점×4문항	12		
	문제 13	2점×2문항	4		
합계			60점		

***점수 계산법** : (독해 [ ]점÷60)×60 = [ ]점

청해

	5회	배점	만점	정답 문항 수	점수
청해	문제 1	2점×5문항	10		
	문제 2	2점×6문항	12		
	문제 3	2점×5문항	10		
	문제 4	1점×11문항	11		
	문제 5	2점×3문항	6		
합계			49점		

***점수 계산법** : (청해 [ ]점÷49)×60 = [ ]점

N1

言語知識（文字・語彙・文法）・読解

（110分）

注　　意
Notes

1. 試験が始まるまで、この問題用紙を開けないでください。
   Do not open this question booklet until the test begins.

2. この問題用紙を持って帰ることはできません。
   Do not take this question booklet with you after the test.

3. 受験番号と名前を下の欄に、受験票と同じように書いてください。
   Write your examinee registration number and name clearly in each box below as written on your test voucher.

4. この問題用紙は、全部で３１ページあります。
   This question booklet has 31 pages.

5. 問題には解答番号の 1 、2 、3 …が付いています。解答は、解答用紙にある同じ番号のところにマークしてください。
   One of the row numbers 1, 2, 3 … is given for each question. Mark your answer in the same row of the answer sheet.

受験番号　Examinee Registration Number	

名 前　Name	

問題1　＿＿＿＿の言葉の読み方として最もよいものを、1・2・3・4から一つ選びなさい。

1　この容器は使う前に必ず熱湯で殺菌してください。

1　さっきん　　2　ざっきん　　3　さっこん　　4　ざっこん

2　政府の過剰な介入や規制によって、活力ある経済社会の実現が阻まれる恐れがある。

1　にらまれる　　2　こばまれる　　3　はばまれる　　4　からまれる

3　今回の問題については上司の判断を仰ぐしかない。

1　あえぐ　　2　あおぐ　　3　そむぐ　　4　つぐ

4　作者の人生観や自然観がこの一行に凝縮されている。

1　ぎしゅく　　2　こしゅく　　3　ぎょうしゅく　　4　こうしゅく

5　あの不動産会社は土地を斡旋し、高額の手数料を取っている。

1　かんせい　　2　あっせい　　3　かんせん　　4　あっせん

6　詐欺師の巧妙な手口に多くの人が被害に遭った。

1　こうみょう　　2　こみょう　　3　こうびょう　　4　こびょう

問題2　（　　　）に入れるのに最もよいものを、1・2・3・4から一つ選びなさい。

7　震災によって避難している人々に日用品や食料品が（　　　）供給されている。

1　ストイックに　　2　コンスタントに　　3　ストレートに　　4　シビアに

8　上司から（　　　）を得たので取引先との交渉が進められる。

1　承諾　　2　承知　　3　認証　　4　確証

9　この実験の検証データーは（　　　）点が多くて信用しがたい。

1　不当な　　2　不審な　　3　不正な　　4　不覚な

10　本校では次期ＰＴA役員の候補者を（　　　）います。候補をご希望の方は立候補届出書をご記入の上、ご提出ください。

1　携わって　　2　努めて　　3　求めて　　4　募って

11　政府は感染病の拡大を防ぐため、国民に外出（　　　）を促している。

1　自粛　　2　自戒　　3　阻止　　4　折衷

12　有名監督の新作は出口のない状況に追い込まれた登場人物たちの切迫感が（　　　）伝わる作品だった。

1　ひしひしと　　2　はらはらと　　3　どきどきと　　4　のうのうと

13　書類にコーヒーをこぼしてしまって、インクが（　　　）字が読めない。

1　ひたって　　2　したって　　3　にじんで　　4　そまって

問題3 ＿＿＿＿の言葉に意味が最も近いものを、1・2・3・4から一つ選びなさい。

14 彼はお金にルーズで周りの人に迷惑ばかりかけているので、嫌がられている。

1 ゆるくて　　2 だらしなくて　　3 おっくうで　　4 わずらわしくて

15 入社して初めての担当なので、上司に提出する企画書を吟味した。

1 担った　　2 整えた　　3 推進した　　4 検討した

16 人形の彩色で一番難しいのは、目や髪などのはっきりした黒い線を淡い肌の色にうまく調和させることだという。

1 薄い　　2 鮮明な　　3 鮮やかな　　4 一様に

17 彼女と同じ年代でありながら、完成度の高さと技術の歴然とした差に自分の実力を思い知らされた。

1 明確な　　2 大幅な　　3 画期的な　　4 わずかな

18 息子が店を継いで数年、仕事ぶりもだんだん板についてきた。

1 ありきたりになって　　2 それらしくなって

3 ぎこちなくなって　　4 おおざっぱになって

19 決勝戦を迎えて、場内の興奮をよそに選手たちはいたって冷静だった。

1 まるで　　2 より一層　　3 予想どおり　　4 非常に

問題４　次の言葉の使い方として最もよいものを、１・２・３・４から一つ選びなさい。

20　うなだれる

1　強盗事件の犯人は、裁判の間ずっと首をうなだれていた。

2　初めてのプレゼンで緊張したが、部長は納得したとばかりにうなだれていた。

3　真夜中に隣の部屋で声がして行ってみると、弟が夢でも見ているのかうなだれていた。

4　運動で汗をかいて、前髪がおでこのところまでうなだれていた。

21　不謹慎

1　外出する時に戸締りもしないなんて、不謹慎極まりない。

2　彼の不謹慎な態度にみんな憤慨せずにはいられなかった。

3　彼は学校で問題を起こしたが、不謹慎になった。

4　お酒をやめて不謹慎していた彼は、結局やめられなかったらしい。

22　ことごとく

1　新規事業の企画会議で彼が出した意見は上司にことごとく却下された。

2　彗星のことごとく芸能界に現れた彼女は、多くの映画で活躍した。

3　今度の試合で二連覇を狙っていた彼女はことごとくの差で新人の選手に敗れてしまった。

4　会議では様々な意見が飛び交ったが、ことごとく売り上げを伸ばすための最善策は見つからなかった。

23 兆し

1 就職活動で最終面接まで残って、合格できる兆しが見えてきた。

2 最近の彼のそわそわした態度を見て、何かあったのではないかという兆しがしていた。

3 電車でなんだか嫌な兆しがして振り返ったら、苦手な上司がすぐ後ろに立っていた。

4 不景気で観光需要の落ち込みが続いていたが、久しぶりに客足が回復する兆しが見えてきた。

24 踏襲

1 我々は前代が築いた偉大なる文化遺産を踏襲している。

2 長い間就労者に対して不利な制度が蔓延していたが、踏襲をすることができた。

3 この町で作られている工芸品は昔ながらの伝統的な製法を踏襲している。

4 かつての教育方針が今の子どもたちには悪影響を与えるものとされ、根底から踏襲を行うことになった。

25 コンセンサス

1 企画案の締め切りに間に合わせるには、コンセンサスに仕事をこなす必要がある。

2 新製品の開発状況を知るために、担当者とコンセンサスをとった。

3 ゴミ出しのルールについて、地域住民のコンセンサスを得る必要がある。

4 隣近所でつくるコンセンサスの良さは、身近な問題に臨機応変に対応できるところにある。

問題5　次の文の（　　）に入れるのに最もよいものを、1・2・3・4から一つ選びなさい。

26　試合を観戦し、守備陣のプレーは得点には（　　）、攻撃陣に多大な影響を与えていることを実感した。

1　及ばないまでも　　2　至らないまでも
3　あたらないまでも　　4　さておき

27　山本（やまもと）「浮かない顔ね。何かあったの？」
伊藤（いとう）「実は、会社生活になかなか慣れなくて先輩に相談したら、余計話がややこしくなっちゃって。先輩に相談なんか（　　）よ。」

1　するんじゃなかった　　2　するには及ばなかった
3　するべきではない　　4　するというものではない

28　尊敬して（　　）恩人の死の知らせに、呆然と立ち尽くしてしまった。

1　ならない　　2　いられない　　3　やまない　　4　きれない

29　先月公開された映画「怪盗ルパン」は主人公の巧みなテクニックや意外な発想、そして大胆（　　）活躍に観客はすっかり心を奪われた。

1　あっての　　2　かぎりの　　3　きっての　　4　きわまる

30　独裁者の気まぐれで処刑されるリスクが増大している（　　）、その国から逃げようと思っても不思議ではあるまい。

1　ともなく　　2　ものなら　　3　とあっては　　4　にかこつけて

31 病に苦しんでいる患者を見て見ぬふりをするとは、医者（　　　）あるまじき行為である。

1　として　　2　をおいて　　3　はもとより　　4　たりとも

32 大雨が続き、特別警報が発表されたにもかかわらず、対象地域の住民が避難もしないのを見ると、警戒心が薄れてしまったのではないかと懸念（　　　）。

1　されてならない　　2　されるきらいがある
3　しないともかぎらない　　4　とされている

33 自らの失言に対し、弁明をしたり、責任を他者に転嫁したりする政治家の見苦しいこと（　　　）。

1　このうえない　　2　といったらない
3　を禁じ得ない　　4　にしのびない

34 現在受け持っている仕事で手一杯で、昇進に繋がる仕事が回ってきても（　　　）引き受けられない。

1　引き受けるといえども　　2　引き受けるものなら
3　引き受けるだに　　4　引き受けようにも

35 軍事独裁政権であるあの国では、被災から約３ヶ月目（　　　）ようやく海外からの支援による医療チームが現地に入ったという。

1　を皮切りに　　2　をもって　　3　にあって　　4　にして

問題6　次の文の ＿★＿ に入る最もよいものを、1・2・3・4から一つ選びなさい。

（問題例）

あそこで ＿＿＿ ＿＿＿ ＿★＿ ＿＿＿ は山田（やまだ）さんです。

1 テレビ　　2 見ている　　3 を　　4 人

（解答のしかた）

1. 正しい文はこうです。

あそこで ＿＿＿ ＿＿＿ ＿★＿ ＿＿＿ は山田（やまだ）さんです。 1 テレビ　3 を　2 見ている　4 人

2. ＿★＿ に入る番号を解答用紙にマークします。

（解答用紙）

(例)	① ● ③ ④

36　スマホの決済アプリを使って、お金を瞬時に相手に ＿＿＿ ＿＿＿ ＿★＿ ＿＿＿ 済ませることができます。

1 送る　　2 もとより　　3 支払いまで　　4 ことは

37　新型セダンは柔和なデザイン、最新の先進安全装備の完備と車格の ＿＿＿ ＿＿＿ ＿★＿ ＿＿＿ 大ヒットを記録した。

1 手頃な　　2 価格とが　　3 あいまって　　4 わりには

38 現在は誰もが ＿＿＿＿ ＿＿＿＿ ＿★＿ ＿＿＿＿ 行動をとるよう努力してしかるべきである。

1 常識的で節度ある　　2 健康や安全を脅かされる
3 ふとした拍子に　　4 可能性があるため

39 政府は柔軟な働き方、多様な働き方を推し進める ＿＿＿＿ ＿＿＿＿ ＿★＿ ＿＿＿＿ 、以前にもましてその普及に尽力していく方針であるという。

1 うえで　　2 ことから
3 欠かせないものである　　4 テレワークは

40 この映画は薬物の背後にある謎の組織への ＿＿＿＿ ＿＿＿＿ ＿★＿ ＿＿＿＿ 、「パワー」の脅威に立ち向かうストーリである。

1 犯罪を一掃すべく立ち上がる　　2 パワーにまつわる
3 復讐を誓う主人公と　　4 地元警察官が協力し

問題7　次の文章を読んで、文章全体の趣旨を踏まえて、［41］から［45］の中に入る最もよいものを、1・2・3・4から一つ選びなさい。

近代建築、あるいは近代デザインという言葉がある。意匠関係の書物などではよくつかわれる。一種の慣用語と言ってもよい。だが、この言葉は、ずいぶん奇妙な使われ方をしている。言葉づかいとしては、必ずしも当を得ているとは言いがたい。

一般に、近代建築と言う場合、それは機能主義で設計された建築を指している。ある建築を設計する際には、それがもつ用途および利用者たちの便宜を重視する。そういった現実的な要素が十全に満たされるように形をととのえていく。よけいな飾り付けはほどこさない。以上のような設計姿勢を近代主義（モダニズム）とよんでいる。

だが、どうだろう。機能的なデザインなら近代以前にもあった。さらに、近代以降でも、全然機能性を考慮していないデザインはある。機能的であることと近代の産物であることは、［41］。

［42］、近代の一時期に機能主義が建築家たちのあいだで標榜されたことはあった。だが、それは、二十世紀の前半から半ばにかけてのことである。近代と言う時代の区分の中から見れば、ほんの一時であるにすぎない。［43］、近代建築と言う言葉は機能主義を指す用語として定着してしまっている。いまさら用語の修正はできないのかもしれないが、本来は言葉の誤用と言うべきであろう。

さて、近年は、ポスト・モダニズムという言葉もよく耳にする。機能主義が陥りやすい実用一点張りの味気なさを乗り越えようという主張である。しかし、先にも述べたように、機能主義自体は取り立てて［44］。すなわち、だから、機能主義を乗り越えたところで、脱近代主義（ポスト・モダニズム）とは言えないだろう。これもまた、用語のあり方としては［45］ところをもっている。

（井上章一『邪推する楽しみ』）

41

1 必ずしも一致しないのではないか
2 間違いないと言える
3 似ているが、違うものではないだろうか
4 人によってとらえ方が違うものである

42

1 すなわち　2 確かに　3 その結果　4 そのうえ

43

1 したがって　2 にもかかわらず　3 もしくは　4 それに

44

1 いいものとは言いがたい　2 現代的であると言える
3 重要であるわけではない　4 近代的であるわけではない

45

1 共感できる　2 使い分けできる
3 納得しがたい　4 あり得る

問題8　次の(1)から(4)の文章を読んで、後の問いに対する答えとして最もよいものを、1・2・3・4から一つ選びなさい。

（1）

目の見えない人は、なかなか怪我をしない。むしろ目の見える人の方が、石に躓（つまず）いたり、ものに突き当たったりしてよく怪我をする。なまじっか（注）目が見えるがために、油断するのである。乱暴になるのである。目の見えない人は手探りで歩む。一歩一歩が慎重である。謙虚である。そして一足歩むために全神経を集中する。これほど真剣な歩み方は、目の見える人にはちょっとあるまい。人生で思わぬ怪我をしたくなければ、そして世の中で躓（つまず）きたくなければ、この歩み方を見習うのがいい。「一寸先は闇の世の中」といいながら、お互いにずいぶん乱暴な歩み方をしているのではなかろうか。幾つになっても分からないのが人生というものである。世の中というものである。それなら手探りで歩むほか道はあるまい。

（松下幸之助『道をひらく』）

(注) なまじっか：中途半端に

46　筆者が最も言いたいことは何か。

1　目の見えない人の方が油断せず、怪我をすることが少ない。

2　自分の道を無理せず、焦らずつつましく生きて行こう。

3　闇のような世界で生きていくにはもっと周りのことを見る必要がある。

4　人生を豊かにするためにはもっと努力しよう。

（2）

神経質と言うと「細かいことをいつまでも気にする」とか、「気が小さい」などと、あまりよくない印象を持たれがちだ。しかし、神経質は誰もが持っている性格の一つであって、もともと病気などというものではない。健康な人ならだれもが持っている、性格の一つである。そして、神経質でさまざまなことに悩むというのは、問題を解決しようと意識した時点で、必然的に起こりうる結果であって、それは、むしろ解決への第一歩として喜ばしい事態なのである。言い換えれば、神経質な性格は人間にとってプラスの要因なのである。いわゆる神経質の一つである高所恐怖、先端恐怖などの恐怖症も、高いところから落ちたり、刃物で傷ついたりしないための防衛本能なのであり、神経質な性格を人間が持ち合わせていなかったら、人類は滅びていたともいえるわけだ。

（斎藤茂太『悩む人ほど強くなる』）

47 筆者が最も言いたいことは何か。

1 物事に敏感だというのは人間が生活を営むためには欠かせないものである。

2 神経質は病気ではなく、健康の証である。

3 物事に敏感だというのは人間を危険から守るための本能なので、その能力をもっと磨くべきである。

4 神経質は問題解決の原動力であるため、神経質な人は問題解決力が優れている。

（3）

読書には、2つの種類がある。「すぐに効く読書」と「ゆっくり効く読書」だ。一見、すぐに効くほうがよさそうに思うけど、そうとは限らない。時間はかかってしまうけど、遅れてじわじわと、しかし確実に大きく人生を変えてくれる。そんな読書の仕方を紹介しようと思う。「すぐに効く読書」は、仕事術やなライフハック(注)などの実用書だ。そういう本を読んだあとは、「前向きに頑張ってみよう」という気持ちになる。しかし、効果が薄れていくのも速い。一瞬だけ元気になる栄養ドリンクみたいなものだ。「ゆっくり効く読書」の例は、一見実用性がなさそうな、小説やノンフィクションや学術書などだ。「ゆっくり効く読書」は、その枠組み自体を揺さぶって変えてくれる。「ゆっくり効く読書」は、すぐに効果は表れないけれど、読むことで自分の中に何かが一滴ずつ溜まっていって、少しずつ自分の人生を変えていく。今の時代は、単に何かを知っているだけではすぐに時代遅れになってしまう。単に知識を詰め込むだけじゃなく、根本的に物事を考えるための価値観や枠組みを持つことが必要だ。そして、新しい価値観や枠組みを手に入れるためには、「すぐに効く読書」ではなく「ゆっくり効く読書」が必要なのだ。

（pha『人生の土台となる読書』）

（注）ライフハック：効率や生産性を高めるための生活術

48 筆者が最も言いたいことは何か。

1 学術書は実用性がないので、優先する必要がない。

2 価値観を広げることが必要とされる今の時代には、「ゆっくり効く読書」が役に立つ。

3 新しい価値観を得るためには、実用書も学術書も熟読するべきである。

4 人生を変えたいのなら、「すぐに効く読書」をするべきである。

（4）

新聞を読んでいると、コメントという奇妙なものを眼にすることがある。大きな政争や事件が起きた時などに「識者の意見」とかいう名のもとに掲げられる、あれだ。このような国民不在の総裁選にはうんざりさせられる、とか、この事件の責任は犯人の少年ばかりでなくそれを許した周囲にもある、とか、一昔も前からほとんど変わっていそうにない紋切型(もんきりがた)(注)の意見が、器用に数行に要約され載っている。変わらないことが悪いというわけではない。いつの時代にも妥当する正しい意見というものが、あるいは存在するのかもしれない。ただ、大学教授、評論家、作家といった人々から、何をしているのかは知らないがとにかく有名ではあるといった人々に至るまで、およそ彼らが発しているコメントなるものを読み、心の底から納得させられることは稀だというだけの話である。

（沢木耕太郎『私にわかっていることは』）

（注）紋切型(もんきりがた)：型にはまっていて新鮮味がない

5회

49 筆者が最も言いたいことは何か。

1 新聞のコメントは昔と変わらないので、マンネリである。

2 識者でない人が新聞のコメントを書く場合もあるので、当てにならない。

3 時代によって正しい意見というものは変わるので、あまり役に立たない。

4 新聞のコメントに共感できないことがほとんどである。

問題９　次の⑴から⑶の文章を読んで、後の問いに対する答えとして最もよいものを、１・２・３・４から一つ選びなさい。

（１）

①日本人は、「お金」について語ることを好まないのはなぜか。

お金のことをいうのは卑(いや)しい－これは、大名(だいみょう)(注)に仕える侍(さむらい)の時代から続く偏見だ。

なぜ日本人にはかくも深い思い込みがあるのか。それは、侍たちが俸給制の役人、ようするにサラリーマンだったからではないか。役人やサラリーマンはたいてい、お金については口をつぐむ。俸給制なので頑張って働いても大きな金儲けができるわけではないし、逆にそれほど働かなくても、毎月決まった給料が振り込まれる。(中略)

昭和三十年代の終わりごろだったと思う。ちょうど高度経済成長期にさしかかる時代に、日本人を指して〈エコノミック・アニマル〉という呼び名が生まれた。欧米の白人からそんなふうに呼ばれて、当時の日本人は②大きなショックを受けたわけだが、揶揄(やゆ)されたことが恥ずかしかったのか、その指摘の本質について誰も真剣に考えようとしなかった。政府も、一般の市井(しせい)の人々も、当時たくさんいた進歩的文化人と呼ばれた学者たちも、こぞって指摘を無視してしまった。

しかし本来、私たちはこの時に「本当に日本人は〈エコノミック・アニマル〉なのか？」ということを自問するべきだったのだ。なぜなら、これは日本人が抱える問題の本質を鋭く突いた指摘だったからだ。お金のことを真剣に、最優先に考えている人たちのことを〈エコノミック・アニマル〉というのであれば、実はほとんどの日本人は③それに当たらない。

(外山滋比古『お金の整理学』)

(注) 大名(だいみょう)：広い地域を治める領主

50 ①日本人は、「お金」について語ることを好まないとあるが、なぜか。

1 「お金」について興味を持つのは下品であると見られていたから

2 昔から給料制なので「お金」についてあまり興味がなかったから

3 どんなに商売をして頑張って働いてもお金持ちになれないと考えていたから

4 「お金」について興味はあるが、今の仕事に満足していたから

51 ②大きなショックを受けたのはなぜか。

1 本当はお金に興味があることを欧米の人に悟られてしまったから

2 お金に興味がないのに、欧米の人からお金に執着していると思われたから

3 日本人はお金に欲深い人だと思われるのを嫌うから

4 欧米の人に品がないと嫌味を言われてしまったから

52 ③それとは何か。

1 高度経済成長に伴い、金儲けをした人

2 お金について全く興味を示さない人

3 経済的利益を第一とする人

4 市場競争に執着し、どんな手を使っても勝とうとする人

（2）

本当に納得する、心の底から合点がいく、といった状態を表すとき、①「腹に落ちる」という表現がよく使われます。「腹」とは内臓のこと。つまり、ある事柄が腹のなかにしっかりと収まり、違和感もなく、落ち着く…という状態を指しています。

僕は、物事について数字やファクトを使って考え、ロジックに基づいて理解し、納得して初めて、知識や経験が自分の血肉になると考えています。これこそが「腹に落ちる」ということなのです。これまでにお話してきた、「よく勉強し、よく考える」という行為は、腹に落ちる状態に至って、ようやく意味を成すといってもいいでしょう。

別の言い方をすれば、腹に落ちるまで、考えて、考えて、考え抜かなければ、どんなに勉強しても、理解した気になっても、②絵に描いた餅にしかなりません。人間は知識や物事を「腹に落ちる」まで考え抜いて、初めて具体的な行動に移ることができるようになります。「考えれば考えるほど、行動に移せない」と言う人もいますが、それは単に「腹に落ちる」まで考え抜いていないだけなのです。(中略)

普段なかなか行動に移せないと思い悩んでいる人は、自分の状況や思いをノートや紙に書き出してみる、人に話してみるなど、どんな手段を使ってもいいので言語化してみましょう。それらを目の前に並べて(つまりは要点を整理して)、そこから納得できるまで“考え抜く”習慣を身に付けることをおすすめします。

（出口治明『本物の思考力』）

53 ①「腹に落ちる」とはどんな意味なのか。

1 多くの知識を身に付け、その知識をどんな場合にも適用できること

2 物事を論理的に事実に基づいて考え、心得ること

3 物事を数字に置き換えて考え、新しい理論を発見すること

4 物事の捉え方を工夫し、理解を深めること

54 ここで言う②絵に描いた餅に一番適しているのはどれか。

1 物事を納得いくまで考えて、行動すること

2 どんなに考えても、とても理解できないこと

3 物事が理解できたつもりだったのに、役に立たないこと

4 物事を理解できるまで至らず、外部の環境に影響されること

55 筆者が最も言いたいことは何か。

1 自分の考えを言語化するのは考えを整理するのに役立つ。

2 何事にも真剣に取り組み、自分の考えを貫くべきである。

3 考え抜く習慣をつけるためには、要点を整理する必要がある。

4 人が行動するためには自力で最後まで考え抜くことが前提条件である。

（3）

インターネットは何をもたらしたのか。負の側面は「反復性」だ。情報化社会とは名ばかりで、同じ情報がコピーされ、大量に出回るようになった。

スウェーデンの経済学者ヨーナス・リッデルストラレとシェル・A・ノードストレムは、その著書『成功ルールが変わる！－「カラオケ資本主義」を越えて』(PHP研究所)の中で、現代人は、自分で生み出してもないのに①「カラオケ・キャピタリズム」に乗せられてしまっている、と指摘している。富を稼ぎ出す人間とは、カラオケの外側にいてもパフォーマンスができる人だと説く。つまり、個人のアイデアが最も重要なのだ、と。

インターネットは、まさに「カラオケ・キャピタリズム」の典型だ。SNS(ソーシャル・ネットワーキング・サービス)を使いこなしている、ネット検索に長けている－こうした事例を持ち出して、「自分はITに強い」と勘違いしている人は少なくない。プログラミング言語を駆使して、自分で検索サイトを立ち上げるような“創造”をした人間を②「ITに強い」というのだ。SNSを使いこなす程度で自慢するのは、カラオケ上手と何ら変わらない。伴奏なしのアカペラでも上手に歌えるのか。問われているのはそういうことなのだ。

③そのような時代に、ビジネスマンはどう振る舞うべきか。国が地域や個人に取って代わられるように、ビジネスマンもまた、「会社」に取って代われるような存在にならなければならない。そうでなければ、生き抜くことすら危ういだろう。

私はビジネスマンが生き抜くために必要な最大のスキルは「0から1を想像する力」、すなわち「無から有を生み出すイノベーション力」だと考えている。

（大前研一『発想力』）

56 ここで言う①「カラオケ・キャピタリズム」とは何か。

1 何事も反復して行うこと

2 人の作ったものを利用すること

3 新しく何かを創造すること

4 いつの時代でも生き抜く力があること

57 ②「ＩＴに強い」とはどういう意味か。

1 情報技術を駆使し、それを使って新しい技術の発明ができること

2 ＳＮＳやネット検索を自由自在に使いこなし、それを使って事業ができること

3 あらゆる新しい機械を操作することができること

4 パソコンでプログラミングができ、与えられた仕事がこなせること

58 ③そのような時代に、ビジネスマンはどう振る舞うべきかとあるが、その答えとして合っているのはどれか。

1 現在与えられた条件の中で、それをどのようにコントロールしていくのかが重要である。

2 いつでも一手先を読んで行動すべきである。

3 会社にとって必要な人材になるように技術を高めていくべきである。

4 新しい価値を作り出す力をつけるべきである。

問題10　次の文章を読んで、後の問いに対する答えとして最もよいものを、１・２・３・４から一つ選びなさい。

この世の中には、本当は①どうでもいいはずのことが、満ち溢れています。

言い争いになったときに、ついつい言い張ってこだわった自分の意見－後で振り返ると、あんなつまらないことで人間関係を壊してしまったと、後悔することかもしれません。「私のポリシーだから」と生活の型に意固地にこだわってみたり、何らかの食事法にこだわってみたり、服装のスタイルにこだわってみたり。そのどれをとってみても、「これじゃなきゃダメ」と今は思っているだけで、やがて好みや考え方が変わったあとになってみれば、「何であんなのが好きだったんだろう？」と疑問に思う程度のものに過ぎません。その程度の、しょせんはやがて変化してゆくものに執着することによって、何が起こるのか。そう、自らのこだわりに合う人や物に触れると「快」を感じ、こだわりに合わない人や物に触れると「不快」を感じるように、この②心が歪んでゆくのです。

たとえば、オーガニックやリサイクルなどを厳格に追及するような「自然派」の生活に執着してしまいますと、利便性や安価さなどを良しとする現代人の生活を見るたびに「おかしい」「間違っている」と感じ、批判したりグチを言ったりしたくなることでしょう。が、その背景はシンプルで、「こだわり」に反する現象に触れると、身体に不快感を感じ、その「不快」に支配されて、否定的な考えや批判の言動が生じているのです。

③それは一般的に「善」とされる平和や動物愛護を求める思想においてすら、同じことです。戦争や貧困がなくならない現実に触れるたびに、自分の「平和」へのこだわりに反しているので不快な身体感覚が生じ、その不快さゆえに怒ったり嘆いたり批判したり、攻撃的になってしまいます。つまり平和でない、暴力的思考になってしまいます。

なるほど確かに、自分のこだわりに合致した事柄を見たり聞いたり触れたりすると「快楽」が生じはいだします。けれどもあいにく、この世界の現象の（おそらく）９０パーセントくらいは、私たちのこだわりに反する事柄でできているのです。

かくして、こだわりが強ければ強いほど、周囲の人々や、世界の出来事に接するたびに“不快”な身体感覚を味わう回数と強度が、パワーアップしてしまうのです。にもかかわらず、この世間では「もっともっとこだわって、個性を発揮しなさい！」という洗脳が、今でも続いているように思えます。

（小池龍之介『こだわらない練習』）

59 ①どうでもいいはずのこととして合っているものはどれか。

1 一生変わらない自分のポリシー

2 今現在重要だと思う信念

3 子供の時から培われてきた思考力

4 平和への切実な思い

60 ここで言う②心が歪んでゆくとは、どんな意味か。

1 不快さがストレスとなり、病気になっていく。

2 全ての物事を捻じ曲げて考えてしまい、性格が卑屈になる。

3 自分のこだわりに合わないと、攻撃的になる。

4 自己矛盾に陥ってしまう。

61 ③それとは何を指しているのか。

1 自分のこだわりに合っていないことへの不快感

2 平和であってほしいと願う気持ち

3 自分の期待が裏切られたもどかしさ

4 人の行動によって感じる不愉快な思い

62 筆者が最も言いたいこととして、合っていないのはどれか。

1 こだわりは時間が経てば変化するものだから、現在の自分のこだわりに反するとしても不快だと思うことはない。

2 世の中の多くは私たちのこだわりに反するので、いちいち憤慨する必要がない。

3 こだわりの多くは自分の偏見からくるものだから、偏見を持たないように常に努力するべきである。

4 こだわりが個性だと思っている世間の認識がこだわりの強い人を生み出しているので、その認識を変えるべきである。

問題11　次のＡとＢの文章を読んで、後の問いに対する答えとして最もよいものを、１・２・３・４から一つ選びなさい。

A

職場体験には、生徒が直接働く人と接することにより、また、実際的な技術・技能に触れることを通して、学ぶことの意義や働くことの意義を理解し、生きることの尊さを実感させることが求められています。また、生徒が主体的に進路を選択・決定する態度や意志、意欲など培うことのできる教育活動として、重要な意味を持っています。

望ましい勤労、職業観の育成や、自己の将来に夢や希望を抱き、その実現を目指す意欲の高揚を図る教育は、これまでも行われてきたところであるが、より一層大切になっています。職業体験は、こうした課題の解決に向けて、体験を重視した教育の改善・充実を図る取組の一環として大きな役割を担うものであるといえます。

（中学校職場体験ガイド 平成17年11月文部科学省 / より）

B

職業観を養う上で必要なことにキャリアモデルに出会うことがあります。しかし、職場体験の受け入れに際して企業は多くの負担を強いられています。そんな中でも受け入れ企業は多くの情報を得て帰ってもらおうと、会社説明や現場での作業を体験させてくれます。ですが、そこに現場の最前線で働く社員さんが担当するケースはほとんどありません。

多くの場合、案内や質問に対して不備がないように総合的な部署にいる社員さんや中学生でもできる作業を常時行っているパート社員さんが割り当てられます。現場の最前線で顧客や課題に対峙していない社員さんとの交流では、その業種の本質に迫った場面に出くわすことは難しいでしょう。

（https://note.com/itigojirajio/n/n9279302ed83f/ より）

63 職場体験について、Aの筆者とBの筆者はそれぞれどのような立場をとっているか。

1 AもBも生徒が主体的に進路を決めることができると考えている。
2 Aは生徒が得られる経験に注目しているが、Bはその経験に限界がありうることを述べている。
3 AもBも現場の最前線での経験をするには限界があると考えている。
4 Aは生徒に夢や希望を抱かせることができると述べ、Bは会社説明で終わる場合が多いと述べている。

64 職場体験に関連して、AもしくはBの一方で触れられていることはどれか。

1 業種の本質を理解するには多少無理がある。
2 キャリアモデルに出会うべきだ。
3 短期間に技術や技能を身につけることができる。
4 職場体験を受け入れる企業の業種が少ない。

問題12　次の文章を読んで、後の問いに対する答えとして最もよいものを、1・2・3・4から一つ選びなさい。

いま世界では、ひとつの大きな変化が起きている。

２００３年、ゴールドマン・サックスは「BRICsとともに見る夢－２０５０年への道」と類する投資家向けレポートで、ブラジル、ロシア、インド、中国の4か国を、今後経済成長が見込まれる新興国として①「BRICs」と名付けた。世界において国土面積で２９％、人口で４２％を占めるＢＲＩＣｓは、人口規模・労働力のボリューム、低コストという強みを持ち、また国内消費の増加が見込まれ、天然資源を豊富に持つことからも大きな経済成長が期待できる新興国群と目された。

２１世紀の世界経済を索引すると見られていた新興ボリューム国家のBRICsは、確かに当初は工業国モデルとして順調な経済成長を続けていた。しかし、２０１０年代に入って、いずれも曲がり角に来ているのだ。世界第2位の経済大国となった中国でさえ、成長に陰りが出て、このまま順調に伸び続けるという絵はもはや描きにくくなった。今後はどのように高成長を持続させるか、あるいは安定成長に軟着陸させるかが各国の課題になっている。新興国ブームは、すでにピークを過ぎたという見方が大勢なのだ。

ところが、そういう時代であるにもかかわらず、依然として着実に成長し、高い国際競争力を有し、1人当たりGDPの高さを維持している国々がある。それが私が、②「クオリティ国家」と呼んでいる国家群である。（中略）

クオリティ国家の特徴は、経済規模が小さく、人口・労働力のクオリティが高く、高コストの人件費をカバーする付加価値力、生産性の高さを持っている点だ。高コスト・高賃金でありながら付加価値の高い産業を生み出すことにより、ボリュームと低コストを武器とするボリューム国家に対抗する存在となっている。いずれのクオリティ国家も人口が３００万～１０００万人で、世界の繁栄を取り込むのが非常にうまい。グローバル市場で勝てる企業・人材・ブランドを輩出し、世界からヒト、モノ、カネや企業、そして情報を呼び込むことができる２１世紀型の経済構造国家である。言い換えれば、日本のように自国民の税金を当てにするのではなく、世界の繁栄を自国の繁栄の原資(げんし)(注1)にするという、日本とは全く違った国家モデルなのである。

だからこそ、新しい国家モデルへの転換が必要な日本の将来の方向を探るためには、③クオリティ国家の研究が欠かせないのだ。

たとえば、欧米をはじめとする成熟した老大国では年金や預貯金などにダブ(注2)ついたカネが今や約4000兆円に達し、少しでもリターンを求めて世界中を徘徊している。いわゆる「ホームレス・マネー」である。また、世界には④"居心地の良い国"を求めている企業や金持ちの個人がたくさんいる。それらをいかに呼び込むかが各国の課題だが、クオリティ国家はその呼び込みに成功している。

（大前研一『クオリティ国家という戦略』）

(注1) 原資(げんし)：資金源
(注2) ダブつく：ありあまっている

65 ①「BRICs」の説明として正しくないものはどれか。

1 ゴールドマン・サックスが発表した今後急速な経済発展が予想される新興国
2 世界の人口の42%を占める人口を誇り、豊富で安価な労働力が確保できる。
3 工業国モデルとして国内外の消費の増加が期待されている。
4 4か国を合わせて世界の国土面積の29%を占め、豊かな天然資源を保有している。

66 ②「クオリティ国家」の説明として正しいものはどれか。

1 人口は少ないが、人件費は安くいろいろな国から企業を呼び込んでいる。
2 労働力の能力が高く、独自の価値を作り出している。
3 豊富な天然資源を保有していて、今もなお成長を遂げている。
4 世界の動きに敏感に反応し、世界中から支持されている。

67 ③クオリティ国家の研究が欠かせない理由は何か。

1 成長が伸び悩んでいる今の日本の問題点を解決するためには人的資源の育成が不可欠であるから

2 これからの日本の在り方を決めるためには日本と正反対の国家モデルの研究が必要だから

3 日本と同じ状況の中で経済成長を遂げた国なので、模範として研究すべきであるから

4 今までのように国内の需要に頼るのではなく、国民の能力を高め、世界を舞台に価値を作り出す必要があるから

68 ④"居心地の良い国"とはどういう国なのか。

1 世界中の企業や個人が余裕のお金を投資し、高い利益率を得られる国

2 金持ちの高齢者が移住したくなるような安全でかつ快適な環境が整っている国

3 年金や預金で十分に暮らせる、生活費のあまりかからない国

4 クオリティの高い労働力を得るために、世界中の企業が工場や研究所を建設する国

問題13　右のページは、商品モニターのモニター無料募集の案内である。下の問いに対する答えとして最もよいものを、1・2・3・4から一つ選びなさい。

69　商品モニターの対象になった人がしなければならないことは何か。

1　送られてきた商品を使用後、会社に返さなければならない。

2　アンケートのURLとアンケート用紙、両方に回答し、期限内に返却しなければならない。

3　送られてきた商品を損傷した場合、弁償しなければならない。

4　アンケートを通じて得た情報を他に漏らしてはいけない。

70　本文の内容と合っているのは、次のどれか。

1　調査対象は年齢や性別、未既婚、職業などの条件で、条件に合う人全員である。

2　テスト品使用後、トラブルがあった場合、治療を受けてから治療費を請求する。

3　アンケート回答がデータサンプルとして利用できない場合は謝礼が受け取れない。

4　化粧品の場合はアンケートの調査を2回以上することもある。

商品モニター（ホームユーステスト）のモニター無料募集

商品モニターでは、パソコンから「応募フォーム」のアンケートにお答えいただき、対象者として選ばれた方のご自宅へテスト品をお送りいたします。テスト品をご使用になった後にアンケートにお答えください。一部、ご使用前や途中段階にもアンケートへの回答をお願いする調査もございます。

テスト品の一例

＊ 食品・飲料・日用品・化粧品・スキンケア製品・ペット用品など
＊ 謝礼：１，０００円～５，０００円程度

WEBでのお申し込み（ご応募）

＊ お申し込みは応募フォームに進んでアンケートにお答えください。
＊ お申し込みの際のアンケートの回答内容から、性別、年齢、未既婚、職業などの大まかな条件で、対象となる方にメールでお知らせします。なお、対象者が多数の場合は、先着順とさせていただきます。

テスト品が届く

受け取ったテスト品を、ご案内メールや説明書の指示に従って、実際にご使用ください。なお、テスト品をお使いになって万が一トラブルが起きた場合は、すみやかに担当者までお知らせください。

アンケートに回答する

アンケートのＵＲＬがメールで送られてきたら、お早めにご回答をお願いします。
回答に矛盾した内容があると、データサンプルとして利用できず、場合によっては謝礼の対象外となってしまいます。また、アンケート用紙をご返送いただく調査の場合は、必ず、返却期限までに指定の返送先へご返却ください。

アンケートを通じて知り得た情報の守秘義務

アンケートを通じて知り得た情報や画像データについて、他の人に話したり、インターネットに載せたりする行為は守秘義務違反となり、禁止されています。

5
회

N1

聴解

(55分)

注　　意
Notes

1. 試験が始まるまで、この問題用紙を開けないでください。
   Do not open this question booklet until the test begins.

2. この問題用紙を持って帰ることはできません。
   Do not take this question booklet with you after the test.

3. 受験番号と名前を下の欄に、受験票と同じように書いてください。
   Write your examinee registration number and name clearly in each box below as written on your test voucher.

4. この問題用紙は、全部で１２ページあります。
   This question booklet has 12 pages.

5. この問題用紙にメモをとってもかまいません。
   You may make notes in this question booklet.

受験番号　Examinee Registration Number	

名 前　Name	

問題 1

問題 1 では、まず質問を聞いてください。それから話を聞いて、問題用紙の 1 から 4 の中から、最もよいものを一つ選んでください。

例

1 企画書を見せる

2 製品の説明を書き直す

3 データを新しくする

4 パソコンを準備する

1番

1 業者に電話をして修理の日程を決める

2 業者に修理費用をまけてもらう

3 雨漏りがする場所の写真を撮る

4 床を乾かす

5
회

2番

1 運転免許証を探して、見つからなかったら再発行の手続きをする

2 受講時間とプログラムについて教習所の指導教官と相談する

3 校内講習を受けてから路上へ出る

4 校内で基礎コースをおさらいしてから出張スク ールに変える

3番

1 陳列するセール品の量を十分に確保する

2 商品探しによい適切な高さのワゴンを探す

3 商品の並べ方を工夫する

4 賞味期限ぎりぎりのお菓子をまとめておく

4番

1 目をそらさない練習をする

2 あがり症を治す

3 発表する自分の姿を撮影する

4 友達の前で発表のリハーサルをする

5番（ばん）

1 ホームページで住所（じゅうしょ）を変更（へんこう）する

2 銀行口座（ぎんこうこうざ）を開設（かいせつ）する

3 家（いえ）に帰（かえ）る

4 会社（かいしゃ）に戻（もど）る

問題 2

問題 2 では、まず質問を聞いてください。そのあと、問題用紙のせんたくしを読んでください。読む時間があります。それから話を聞いて、問題用紙の 1 から 4 の中から、最もよいものを一つ選んでください。

例

1 昨日までに資料を渡さなかったから

2 飲み会で飲みすぎて寝てしまったから

3 飲み会に資料を持っていったから

4 資料をなくしてしまったから

1番

1 翻訳機や携帯電話のアプリがあるから、外国語は習う必要がない

2 外国語を習うことでしか他の国の文化を知ることができないから、習うべきだ

3 外国語はなかなか上手にならないから、もっと有効に時間を使った方がいい

4 外国語を使って直接外国人と話すことによって達成感が味わえる

2番

1 お墓参り代行サービスは値段は手頃だが、誠意がない

2 お墓参りは必ず本人が行くべきである

3 お盆休みに旅行に行くよりはお墓参りをするべきである

4 お墓が汚くなるよりはお墓参り代行サービスを利用した方がいい

3番

1 筋力トレーニングを始めたから

2 肌や髪、爪などの美容にいいから

3 筋肉量を増やし、健康な生活がしたいから

4 プロテインの種類が増え、おいしく食べられるものが多くなったから

4番

1 地方の代理店の営業時間が短いため

2 地方では製品コマーシャルの流れる回数が少ないため

3 地方では製品の宣伝が行き渡っていないため

4 地方の販売代理店が渡ったため

5番

1 クレームを受ける部署を設けていないため

2 お客のクレームについて知りたいため

3 競争会社の情報を得ることができるため

4 商品に対するお客の不満を知り、それを改善していくため

6番

1 地域特産品の価値をアピールすること

2 地域特産品をブランド化すること

3 地域特産品を大量に消費する地域で販売すること

4 加工品を商品化すること

問題 3

問題３では、問題用紙に何も印刷されていません。この問題は、全体としてどんな内容かを聞く問題です。話の前に質問はありません。まず話を聞いてください。それから、質問とせんたくしを聞いて、１から４の中から、最もよいものを一つ選んでください。

－ メモ －

問題 4

問題4では、問題用紙に何も印刷されていません。まず文を聞いてください。それから、それに対する返事を聞いて、1から3の中から、最もよいものを一つ選んでください。

－ メモ －

問題5

問題5では、長めの話を聞きます。この問題には練習はありません。

問題用紙にメモをとってもかまいません。

1番

問題用紙に何も印刷されていません。まず話を聞いてください。それから、質問とせんたくしを聞いて、１から４の中から、最もよいものを一つ選んでください。

－ メモ －

2番

まず話を聞いてください。それから、二つの質問を聞いて、それぞれ問題用紙の１から４の中から、最もよいものを一つ選んでください。

質問1

1 ロンドン・ギャラリー展
2 浮世絵展
3 日本の新進作家展
4 建築模型展

質問2

1 ロンドン・ギャラリー展
2 浮世絵展
3 日本の新進作家展
4 建築模型展

JLPT

N1 파이널 테스트 1회

정답 및 청해 스크립트

1교시 언어지식(문자 · 어휘 · 문법) · 독해

문제1	1 ③	2 ③	3 ③	4 ①	5 ②	6 ④				
문제2	7 ①	8 ④	9 ②	10 ③	11 ③	12 ②	13 ①			
문제3	14 ②	15 ②	16 ②	17 ③	18 ③	19 ①				
문제4	20 ①	21 ②	22 ②	23 ①	24 ③	25 ④				
문제5	26 ②	27 ③	28 ②	29 ①	30 ①	31 ②	32 ①	33 ①	34 ④	35 ①
문제6	36 ④	37 ③	38 ①	39 ③	40 ②					
문제7	41 ①	42 ②	43 ②	44 ①	45 ①					
문제8	46 ②	47 ④	48 ②	49 ④						
문제9	50 ③	51 ②	52 ③	53 ②	54 ②	55 ②	56 ②	57 ③	58 ④	
문제10	59 ④	60 ③	61 ①	62 ④						
문제11	63 ②	64 ①								
문제12	65 ①	66 ②	67 ③	68 ①						
문제13	69 ④	70 ②								

2교시 청해

문제1	1 ③	2 ②	3 ②	4 ④	5 ④						
문제2	1 ③	2 ③	3 ②	4 ③	5 ②	6 ④					
문제3	1 ②	2 ④	3 ②	4 ①	5 ④						
문제4	1 ③	2 ②	3 ③	4 ①	5 ②	6 ①	7 ②	8 ②	9 ③	10 ①	11 ②
문제5	1 ④	2-1 ②	2-2 ③								

問題１

問題１では、まず質問を聞いてください。それから話を聞いて、問題用紙の１から４の中から、最もよいものを一つ選んでください。

例

女の人と男の人が新しい製品の企画書について話しています。女の人はこの後何をしなければなりませんか。

F　課長、明日の会議の企画書、見ていただけたでしょうか。

M　うん、分かりやすくできあがってるね。

F　あ、ありがとうございます。ただ、実は製品の説明がちょっと弱いかなって気になってるんですが。

M　うーん、そうだね。でもまあ、この部分はいいかな。で、ええと、この11ページのグラフ、これ、随分前のだね。

F　あ、すみません。

M　じゃ、そのグラフは替えて。あ、それから、会議室のパソコンやマイクの準備はできてる?

F　あ、そちらは大丈夫です。

女の人はこの後何をしなければなりませんか。

１番

女の人と男の人が話しています。男の人はこれから何をしますか。

F　ねえ、さっき頼んだ会議の資料、コピーできてる?

M　はい、２０部コピーしてあります。あと、これ来月のイベントの企画書なんですが、目を通していただけますか。

F　うーん、どれどれ。これ、誤字脱字が多いわよ。

M　あ、すいません、すぐ訂正します。

F　その前に会議室のセッティングができてるか確認してきてくれる? プロジェクターとスクリーンもちゃんと作動するのか確認して。

M　はい、分かりました。

F　あと、会議が長引くかもしれないから、軽く摘める物も用意して。

M　え、今からですか。会議まであと３０分しかないので、今注文しても間に合わないと思いますが。

F　会議の途中でいいわよ。５時ぐらいにひと息入れるから、その時に出して。

M　はい、じゃ、会議が始まってからでも大丈夫ですね。

男の人はこれから何をしますか。

２番

園芸用品の店で女の人と店員が話しています。女の人はこの後まずどの作業をしますか。

F　あのう、すみません。野菜を育てたいんですが、ちょっと教えていただけませんか。野菜を育てるのは初めてなので…。

M　ほとんどは一般的に知っているように土に種を蒔いて水をやればいいんですが、種が細かいものは先に土に水をやって水分を含ませてから、種を蒔かないといけないものもありますよ。

F　そうなんですか。

M　種が細かいと水をやったら、土と一緒に全部流れちゃいますからね。

F　やり方も一つじゃないんですね。

M　ええ、前もって種を水につけてから蒔かないといけないものとかもありますしね。で、種はもうお求めになりましたか。

F　あ、はい。これです。

M　あ、これだったら、一般的なやり方でいいですね。そんなに種が細かくないですから。

F　そうですか。

M　あと、土はもう準備なさいましたか。種を蒔く前に土に肥料を混ぜて一週間ぐらい寝かせる必要があるんですけど。

F　はい、肥料はもう混ぜてあって、今日でちょうどそれくらいになります。

M　じゃあ、大丈夫ですね。

F　はい、じゃ、今日帰ってから早速やってみます。

女の人はこの後まずどの作業をしますか。

３番

女の人と男の人がフリーマーケットについて話しています。女の人は出店申し込みのために、これから何をしなければなりませんか。

F　再来月に柴崎公園でフリーマーケットが開催されるんだって。私、以前からフリーマーケットに出店してみたかったんだけど、一緒にどう？

M　え～、フリーマーケットか。何で参加できるの？っていうか、それって誰でもできるものなの？

F　うん、いろんな区画があるみたいだけど、一般区画なら誰でもできるんだって。家の不用品とかを出して安く売ればいいみたい。

M　そっか。値段とかは自分で勝手に決めてもいいのかなあ。

F　相場としては購入額の1割で売るみたいなんだけど。

M　そんなに値下げして売ったら、全然儲からないんじゃない？

F　別にお金を稼ぐためにしたいわけじゃなくて、なんか楽しみ半分でね。使わないものも処分できるし。

M　申し込みとかはどうすればいいの？

F　調べてみたら、受付順で、定員で締め切るんだって。だから急がなきゃいけないのよ。ねえ、一緒にしようよ。

M　まあいいけど、受付は電話でするの？

F　ううん、主催側のホームページでフォーム入力をしてから、郵便局窓口で出店料を振込みしなければならないの。その振込み領収証を出店当日に提出すればいいんだって。でも振込み領収証がないと、また現金で払わせられるみたい。じゃあ、一緒にするって言ったから私出店料も送るよ。

M　うん、わかった。なんか俺にできることがあったらいつでも言って。

女の人は出店申し込みのために、これから何をしなければなりませんか。

4番

女の人と男の人が話しています。女の人は何を買いますか。

M　来週の金曜日に田中先生の研究室で打ち上げがあるじゃん。俺が買出しに行くことになったんだけど、付き合ってくれない？

F　いいよ。一人では大変だから一緒に行こう。

M　先輩たちも来るらしくて、人数が7人から10人に変更されてて。

F　10人分かあ。おすしとかを出前でとるのはどう？メイン料理があれば後の買出しが楽になると思うけど。

M　すしいいね。盛り合わせで二皿ぐらい頼んで、サラダとか簡単に摘めるものはスーパーで買えばいいかな？

F　うん、お酒とかソフトドリンクはけっこう重いから、買出しに行ける人もう一人探した方がいいかも。

M　鈴木君に頼めばいいと思うよ。金曜は授業が2限で終わるって言ってたから。

F　じゃあ、鈴木君と都合があったら、二人でお酒と飲み物を買いに行ってきてね。私はほかのものを買ってくるから。

M　同じスーパーに行くんじゃないの？

F　サラダとかつまみ類はうちの前の方が安いからそっちに行ってくるよ。

M　一人で大丈夫？

F　うん。重いものはあまりないから大丈夫だよ。買ってほしいものがあったら言ってね。

女の人は何を買いますか。

5番

女の人と男の人が話しています。男の人は初詣に行く前に何をしますか。

F　今日で今年ももう終わりだね。本当に時間経つのが早いよ。今日は早く家に帰って大掃除をして家でのんびりしたいな。

M　大晦日に仕事してる人は俺らぐらいだろう。でも、えらいね、ちゃんと大掃除もするし…。俺は家に帰ったらなんにもしたくないな。今日はテレビ見ながらビールでも飲もうっと思ってる。

F　仕事で頑張ったからしたいことをしながらゆっくりしてね。明日の予定は？初詣に行くの？

M　元日はめっちゃ込んでるから、俺は二日か、三日に行こうと思ってる。たいして変わらないだろうけど…。

F　確かにそうだね。私は去年、元日に行ってたんだけど、すごい混みようだった。お賽銭をあげるときもずっと並んでて結局風邪引いて、寝正月になっちゃった。そういう有名なところには二度と行きたくないな。

M　そうだったんだ。元日に行くなんて考えるだけでもいやになっちゃうよね。

F　それで今年は近所にある小さなお寺に行こうと思ってるんだ。いつも神社に行って願い事をしてたけど、神様が忙しいのか、あまり聞いてくれなかったから、今度は仏様にお願いしてみる。

M　はは、そんないたずらみたいにするから聞いてくれないんだよ。俺はちゃんと身だしなみを整えてから行くんだ。大掃除はできないけど、ちゃんと風呂に入って、体を清めてから参拝に行くよ。

F　なるほどね。じゃあ、私も身を清めて行こうっと。

M　今年は風邪を引かないように暖かくして出かけなよ。

男の人は初詣に行く前に何をしますか。

問題 2

問題 2 では、まず質問を聞いてください。そのあと、問題用紙のせんたくしを読んでください。読む時間があります。それから話を聞いて、問題用紙の 1 から 4 の中から、最もよいものを一つ選んでください。

例

大学で男の学生と女の学生が話しています。この男の学生は先生がどうして怒ったと言っていますか。

M　ああ、先生を怒らせちゃったみたいなんだよね。困ったな。

F　え、どうしたの？

M　うーん。いやそれがね、先生に頼まれた資料、昨日までに渡さなくちゃいけなかったんだけど、いろいろあって渡せなくて。

F　えー、それで怒られちゃったの？

M　うん、いや、それで怒られたっていうより、おととい、授業のあと、飲み会があってね。で、ついそれを持っていっちゃったんだけど、飲みすぎて、寝ちゃって、忘れてきちゃったんだよね。

F　え？じゃ、なくしちゃったわけ？

M　いや、出てはきたんだけどね、うん。先生が、なんでそんな大事な資料を飲み会なんかに持っていくんだって。

F　ま、そりゃそうよね。

この男の学生は先生がどうして怒ったと言っていますか。

1 番

女の人と男の人が話しています。女の人はどうして男の人にあきれていますか。

F　来週、アメリカに出張に行くんだよね。準備はうまくいってるの？

M　今出張の準備どころか、アメリカに行けなくなるところだったよ。

F　えっ、どういうこと？何かあったの？

M　それがね、俺がばかなことをしちゃってさ。前回のアメリカ出張の時に、仕事が一段落ついたから、残りの日は観光でもしようと思って、山登りに行ったんだけどさ、そこにいろんな山道コースがあって、そこを通るたびに山のスタンプが押せるわけ。スタンプを三つ集めると、なんかプレゼントがあるって言われたから、二日かけてその山道コースを歩いてスタンプを三つゲットしたんだ。でも、よりによってそのスタンプをパスポートに押しちゃってさ…。後は言わなくても想像がつくだろう。

F　えー、パスポートにスタンプラリーしたの？うそでしょ。

M　だからさっきばかなことをしちゃったっていったじゃない。それでパスポートを作り直さなきゃいけなくて、今再発行を待ってるんだ。

F　来週の出張まで間に合うかな。

M　うん、今週中にできるって言われたからそこは大丈夫だと思うけど、前のパスポートも更新したばかりだったから、お金がもったいなかった。

F　もう～、よく変なことをするよね。

女の人はどうして男の人にあきれていますか。

2 番

女の人と男の人が話しています。男の人は副業についてどう思っていますか。

F　最近副業が流行ってるよね。私もしたいんだけど、どれがいいか分からなくて。

M　みんな楽して稼ぎたいと思って副業を始めるけど、疲労で本業に支障をきたすことも多いらしいよ。それに、副業詐欺に遭うケースも増えてるそうだし。

F　副業で逆に損をするなんて元も子もないね。

M　副業はお金を目的にするより、スキルアップなど本業にもいい影響を与えることを優先順位に選ぶべきだと思うね。

F　そうね。でも、そういう仕事はなかなか見つからないよね。しかも、うちの会社は仕事量が半端なくて副業にあまりたくさん時間を割くこともできないし。

M　最近はオンラインでやり取りする形の副業が多いし、働くタイミングを自分でコントロールできるようだから、探してみたら？君に合う副業も見つかると思うよ。

F　実は私、昔イラストレーターになりたかったんだけど、それじゃ生活できないと思って就職したの。だから、そっちの仕事ができたらって思ってるんだ。

M　へえ、そうなんだ。でも、今の仕事と全然関連のない仕事だから、大変じゃないかな。

F　そうなんだけど。でも、頑張ってみる。

男の人は副業についてどう思っていますか。

3番

ケーキ屋の店長と従業員が話しています。店長はなぜケーキを店頭に並べないようにと言っていますか。

F　店長、明日はクリスマスイブですが、ケーキはどうしますか。いつものように店頭に積んでおきますか。

M　いや、今年は店頭に並べないで、店内だけで販売することにしたよ。毎年大量に仕入れてたら、売れ残りができて処分にも困ってたし、道を通る人の邪魔になるっていう苦情が本社にも寄せられてたらしくて、今年からは予約注文だけ受けることにしたんだ。

F　なるほど、そういうことがあったんですね。人の邪魔になるなんて意外ですね。

M　クリスマスを楽しみに待ってる人も多いけど、別になんとも思わない人とか、むしろ寂しく感じる人もいるみたいだから、あんまり騒がないでクリスマスを迎えようと思ってるんだ。

F　それもそうですね。クリスマスは一年中でいちばん忙しい日だから正直言って私もそんなに楽しい日とは言い切れないんですよね。毎年ケーキが残って処分するのも大変だったし、私はいい考えだと思います。捨てるのも本当にもったいないし、環境にも悪いですもんね。それに、寒い所でケーキを売らなくてもいいから、私は賛成です。

店長はなぜケーキを店頭に並べないようにと言っていますか。

4番

女の人と男の人がマンション内でのトラブルについて話しています。女の人は何で一番悩んでいますか。

M　どうしたの？何か元気ないね。

F　最近あんまり寝られなくて疲れてるの。

M　この間話してたマンションのトラブルのこと？

F　うん、マナーの悪い人が多くてね。どこの家なのかはよく分からないけど、夜中にギターを弾いてる人もいるし、夜中は静かだから歩く時の足元の音もよけいに大きく聞こえるし、いろいろと気になって、毎晩ろくに寝られないの。

M　管理事務所に相談してみた？

F　そういう相談は私だけじゃないから、毎晩注意事項のアナウンスが流れるんだけど、騒音を出してる人たちは聞いてないのか、ぜんぜん変わらないの。まあ、それはいいとして、本当に耐えられないのはタバコの匂いなんだ。禁煙マンションなのに、階段とか、ベランダでタバコを吸ってる人がいるの。朝、換気しようと窓を開けたら、タバコの匂いが入ってくるから本当に嫌になっちゃう。人に迷惑をかけてまでタバコを吸うなんて本当に非常識だよね。

M　マンションはたくさんの世帯が一緒に暮らしてるから、譲れるところは譲ってお互いに気をくばれればいいんだけどね…。うちのマンションもペットでトラブルを起こしてる人もいるし、ゴミの出し方や収集日を守らないで迷惑をかけてる人もいるし、駐車する時も、駐車ラインを守らなくてスペースをとっちゃう人もいるし、世の中にはいろんな人がいるよ。でも、タバコの匂いは本当にいやだよね。罰金を払わせるとかマンションからのなんらかの対策が必要かもね。

女の人は何で一番悩んでいますか。

5番

友達同士の女の人と男の人が話しています。女の人はなぜ会社に行かなくてもいいですか。

M　今日でもう5連休も終わりだね。出勤したくないなあ。

F　そうだね、あっという間に終わったね。私は父の介護で休むどころじゃなかったけど。

M　それはご苦労さま。お父さんはどう？腰を痛めてからは一人で出かけるのはまだ大変でしょ？

F　うん、手伝ってくれる人がいないと一人ではまだ無理なの。私が会社にいる時はヘルパーさんに頼んでおくけど、父はけっこう人見知りをするからそれもなかなか難しいわよ。

M　そっか。いろいろと心配だね。

F　でも、会社からのいい知らせがあってね。これから家族の介護をする人は週に2回休めるんだって。もちろんその分、給料も減っちゃうけど、人に頼まなくてもなんとかやっていけるから本当に助かると思った。

M　それはよかったね。さすが、大手企業は違うね。

F　うん、病院に行く時は、やっぱり人に頼むより、私が付き添った方が安心できるし、父もその方がいいみたいだしね。それで私は明日も会社に行かないで、父の介護をすることにしたの。これから月、木は会社を休むんだ。

女の人はなぜ会社に行かなくてもいいですか。

6番

女の人と男の人が話しています。男の人はあおり運転についてどう思っていますか。

M　最近ドライブレコーダーが飛ぶように売れてるらしいよ。

F　へえ、どうして？

M　あおり運転に関するニュースが世間を賑わしてるだろう。その影響だって。

F　そういえば、私もこの前あおり運転を受けて、もう死ぬかと思った。

M　え、本当？

F　ええ、道に迷っちゃってゆっくり走ってたら、後ろの車がクラクションを鳴らしたり、車体を接近させてきて、もう怖くて泣きそうになっちゃったわよ。

M　それで、警察に通報したの？

F　ううん、幸いその後すぐ私の車を追い越して行ったから。

M　本当に危なかったね。テレビで、あおり運転を受けたら、安全な場所に車を止めて警察が来るまで車内で待機してたほうがいいって言ってたよ。あおり運転は他の車に追突したりして、第三者を巻き込む事故にも繋がりかねないから、法律で規定を定めるべきだよね。

F　ええ、あおり運転が今社会問題になってるから、国も道路交通法を改正するって言ってるよね。

男の人はあおり運転についてどう思っていますか。

問題3

問題3では、問題用紙に何も印刷されていません。この問題は、全体としてどんな内容かを聞く問題です。話の前に質問はありません。まず話を聞いてください。それから、質問とせんたくしを聞いて、1から4の中から、最もよいものを一つ選んでください。

例

女の人が男の人に映画の感想を聞いています。

F　この間話してた映画、見に行ったんでしょ？ どうだった？

M　うん、すごく豪華だった。衣装だけじゃなくて、景色もすべて、画面の隅々までとにかくきれいだったよ。でも、ストーリーがな。主人公の気持ちになって、一緒にドキドキして見られたらもっとよかったんだけど、ちょっと単調でそこまでじゃなかったな。娯楽映画としては十分楽しめると思うけどね。

男の人は映画についてどう思っていますか。

1　**映像も美しく、話も面白い**
2　**映像は美しいが、話は単調だ**
3　**映像もよくないし、話も単調だ**
4　**映像はよくないが、話は面白い**

1番

女の人が話しています。

F　人がたくさん集まる繁華街や観光地の大通りは、祝日や連休の時に、一時的に道路を開放して歩行者天国にする場合があります。普段は車が通る道路でも歩行者天国になると、車の通行を禁止するので、一定の時間は歩行者は車を気にせず、自由に行き来できるようになります。しかし、一方では交通渋滞や、騒音などの不便を強いられ、様々な問題が生じるということで、歩行者天国を廃止するようにと訴える人も出ています。また、最近はそういう問題だけでなく、歩行者天国で暴走する車に歩行者がはねられ、怪我をするなど、安全面も懸念されています。人々のために行われるようになった歩行者天国がむしろ人に害を与えているのではないでしょうか。

女の人は何について話していますか。

1　**歩行者天国での交通事故を食い止める方法**
2　**歩行者天国で生じる様々な問題**
3　**歩行者天国を利用する時の注意点**
4　**歩行者天国になる時期と時間帯**

2番

男の人が話しています。

M　人工知能に関する技術の発展とともに、「ＡＩが発展すると仕事がなくなる」「多くの人がＡＩによって仕事が奪われる時代が来る」など、雇用に関する影響への不安や心配をよく耳にするようになりました。私たちが従事している職業や行っている仕事を、人間ではなくＡＩがこなす社会というのはなんとも想像がつきにくいです。ただし、近年の第三次人工知能ブームにより、ＡＩは加速度的な発展をとげており、ＡＩが徐々に人間が行う仕事に対応できるようになってきています。このままＡＩが発達していけば、いずれは今ある仕事の大半が人間からＡＩに取って代わられることになるでしょう。このような将来に備えるためには、ＡＩに仕事を奪われると悲観的に考えるよりも、ＡＩが浸透した社会に適応する未来を考えていかなければなりません。例えば、ＡＩの得意分野である単純作業にあてていた時間を、ＡＩの不得意分野である「統計的でないこと」、「複合的な知性や複雑な判断が要求される仕事」をする時間に置き換えていくことなどが考えられるのではないでしょうか。このように、「ＡＩが人間の仕事を奪う」と考えるのではなく、「ＡＩを利用することによって、人間は人間にしかできない仕事に集中できる」と考えて働き方を積極的に変えていくことが求められているように感じます。

男の人は何について話していますか。

1　**人工知能の現状**
2　**人工知能のデメリット**
3　**人工知能の未来**
4　**人工知能社会との付き合い方**

3番

アナウンサーが話しています。

F　世界保健機関、WHOはゲームにのめりこんで健康や生活に支障をきたす状態を「ゲーム障害」として、ギャンブル依存症などと同じ疾患に位置づけています。ゲーム機は以前からありましたが、オンラインでつながるスマホ時代を迎え、いつでもどこでも簡単に遊べるようになりました。しかも、スマホやネットなしでは仕事も日常生活も成り立たないため、アルコールやギャンブル以上に手を切りにくい現状であると言えます。このような依存症により、「欠席や欠勤」、「引きこもり」、「暴力」などの問題が起こることも多く、社会的な問題となっています。また、ゲーム障害への懸念は若年層に限った話ではなく、中高年の間でも増えているということです。その背景を探ると、学校や職場などで疎外感や心の葛藤をかかえている人が多いということです。今後はこのようなことを踏まえて対策に取り組むことはもちろん、それ以上に心に寄り添えるようなケアが必要なのではないでしょうか。

女の人は何について話していますか。

1　**ゲーム障害が日常生活に及ぼす問題**
2　**ゲーム障害者へのカウンセリングの必要性**
3　**ゲーム障害の背景**
4　**ゲーム障害の克服法**

4番

レポーターが話しています。

M　地元で収穫した良質のお米や新鮮な野菜を地元の小学校に無償で提供する農家があって話題になっています。農家の方は5年前に、自分で耕作したお米や、大事に育てた野菜を小学校の給食に使ってほしいという旨を学校側に伝えて以来、子供の健康な食生活に貢献し続けています。栄養もさることながら味も抜群であるため、子供たちは給食の時間を楽しみに待っているようです。農家の方はおいしく食べてすくすく育っている子供たちを見ていると、やりがいを感じて、逆に元気をもらうといいながら微笑みました。

男の人は何について話していますか。

1　農家の人の善行
2　無料給食の衛生問題
3　健康な食生活
4　栄養たっぷりの食べ物

5番

男の人が話しています。

M　農作物を育てていると、いつの間にか虫が付いていることがあります。虫の中には受粉の手助けをするミツバチのような役に立つ虫がいれば、逆に農作物を食べるなどの悪さをする虫もいます。そのため、農家では、害虫対策として農薬が使われています。しかし、残留農薬が消費者に健康被害を与えてしまう可能性があることから、農薬の安全性が問われています。そこで、わが研究所では天敵を利用して害虫から農作物を守る方法を思いつきました。天敵とは、蝶を食べるカマキリのように、ある生物を捕まえて食べる別の生物のことです。例えば、カブリダニは、ハダニという害虫を食べます。カブリダニは既に商品化されていて、ボトルに入っている生きたカブリダニを農作物に振りかけると、歩き回ってハダニを食べてくれます。これらの天敵は、農作物全体にかける必要のある農薬を使うより、簡単にまくことができるので、農家の負担を軽減することができます。また農薬を使う回数や種類を減らすことができるため、環境への負担を低減することができます。さらに、農薬の効かない害虫にも効果があります。

男の人は何について話していますか。

1　農作物と天敵の関係性
2　農業における害虫の被害
3　農業における農薬の必要性
4　天敵を使った害虫対策

問題4

問題4では、問題用紙に何も印刷されていません。まず文を聞いてください。それから、それに対する返事を聞いて、1から3の中から、最もよいものを一つ選んでください。

例

M　ああ、今日は、お客さんからの苦情が多くて、仕事にならなかったよ。

F　1　いい仕事、できてよかったね。
　　2　仕事、なくて大変だったね。
　　3　お疲れ様、ゆっくり休んで。

1番

F　スピーチの原稿、明日が締切日なんだって。

M　1　願書は先週もう出したよ。
　　2　もうお店閉めたの？
　　3　急がないと間に合わないね。

2番

M　内容がだらだらと長すぎるのはよくないからもう少し簡潔にまとめて。

F　1　かしこまりました。ただ今そちらの方に伺います。
　　2　かしこまりました。ただ今修正致します。
　　3　かしこまりました。計画通りに進めさせていただきます。

3番

F　ディスカッションとか発表が多い授業はあまり私に向いてないよ。

M　1　担当の先生に卒論の進み具合を報告して。
　　2　論点を絞って話す練習をしたからうまくなったよ。
　　3　その気持ちは分かるけど、3年生からはそういう授業ばかりだよ。

4番

F　なんでそんなに汗びっしょりなの？

M　1　こんな猛暑日なのに電車のクーラーがきかなくてさ。

2　週末に行ってた温泉は本当に気持ちよかった。

3　圧迫面接されて冷や汗かいたよ。

5番

F　いつもレトルト食品ばかり食べちゃ、健康に悪いでしょ。

M　1　それはわかるけど、健康診断を受けるのは面倒くさいんだ。

2　最近忙しすぎて、食事する時間があるだけでもありがたいくらいなんだ。

3　食べ物には好き嫌いがないからなんでもいいよ。

6番

M　遠まわしに言ってないで言いたいことがあったらはっきり言って。

F　1　それがね、ちょっと頼みづらいことがあるんだけど、聞いてくれる？

2　この間はお忙しいところ、お邪魔いたしました。

3　いつも丁寧に教えてくれてありがとう。

7番

F　夏休みのボランティアの件、田中さんはあまり乗り気じゃないみたいだよ。

M　1　僕も以前から乗ってみたいと思ってたんだ。

2　実は僕もそんなに行きたくないんだよね。

3　田中さん、そんなに楽しみにしてるの？

8番

M　昨日サニー社の最終面接で意表を突かれた質問をされちゃって。

F　1　いい評価されて、よかったじゃない。

2　そんなに予想外のことを言われたの？

3　予想通りの質問だったのね。

9番

M　あれ？雨が降ってる。天気予報も当てにならないな。

F　1　本当だ。早く手当てしないと。

2　今度こそ当たってほしいね。

3　本当よく外れるよね。

10番

M　忘年会で羽目を外して、部長に説教されたよ。

F　1　忘年会だからって、調子に乗りすぎちゃだめだよ。

2　結局説教をする羽目になったんだね。

3　責任を押し付けるなんて、ひどいね。

11番

M　運動もろくにしていなかった山下君が10キロのマラソンに挑戦だなんて、無茶にもほどがあるよ。

F　1　本当に運動神経がいいんですね。

2　一体何を考えてるんだろうね。

3　よく頑張っているので、感心しますね。

問題5

問題5では、長めの話を聞きます。この問題には練習はありません。問題用紙にメモをとってもかまいません。

1番

問題用紙に何も印刷されていません。まず話を聞いてください。それから、質問とせんたくしを聞いて、1から4の中から、最もよいものを一つ選んでください。

車の展示場で夫婦と職員が話しています。

F　わあ、いろいろあるね。

M1　どれがいいかな。

M2　どういうお車をお探しですか。

M1　セダンを買おうと思ってるんですけど。

M2　それでしたら、こちらはいかがでしょうか。今一番人気でございます。

F　ねえ、やっぱり普通車より軽自動車にしない？

M1 そうだね。燃費のことを考えると、軽自動車の方がいいしな。

M2 軽でしたら、こちらが一番燃費がよくなっておりますが。

F　うーん、ちょっと小さすぎない？ うちは子供が二人もいるんだし、軽自動車でももうちょっと大きいセダンとかにしない？

M1 そうだな。キャンプにもよく行くから、荷物も入れなきゃいけないし。

M2 キャンプにもよく行かれるのでしたら、こちらのワゴンはいかがでしょうか。セダンと同じ乗り心地のよさに加え、大きなトランクもあるので、荷物もたくさん入りますよ。

F　わあ、いいね。私たちにぴったりじゃない？

M1 うーん。でも、燃費のことを考えると、小さい方がいいと思うんだけど。

M2 燃費が心配でしたら、あちらのセダンが一番おすすめですが、お荷物などを運ぶにはちょっと…。

F　ワゴンって言っても、軽自動車なんだから、普通車よりは燃費がいいんじゃない？

M1 それはそうだけど。

M2 こちらのワゴンはハイブリッド車ですので、エコカー減税の対象となっております。

F　ほら、減税にもなるって言うし。

M1 最近は軽専用の駐車場も増えてるしね。じゃあ、これにするか。

夫婦はどの車を買うことにしましたか。

1　普通車のセダン
2　普通車のワゴン
3　軽自動車のセダン
4　軽自動車のワゴン

2番

まず話を聞いてください。それから、二つの質問を聞いて、それぞれ問題用紙の1から4の中から、最もよいものを一つ選んでください。

女の人と男の人が学校のサークルについて話しています。

M　サークル決めた？ 俺は卓球部に入ろうかなって思ってる。運動したいと思ってるんだけど、なかなか行動に移すのが難しいから、サークルに入ったら無理やりにでも続けられるからね。

F　卓球部って朝練もあってけっこう厳しいって聞いてるけど。よく寝坊する山田君にはちょっと無理なんじゃないの？ 楽しく、長く続けられることにしなよ。山田君って歌上手じゃない？ バンドに入ってみたら？

M　いやいや、歌うのは好きだけど、そんなバンドに入ってボーカルするほどじゃないよ。それに人前で歌うのはけっこう苦手だし。

F　一緒にできるのがあればいいんだけど、なんかないかなあ。漫画サークルなんてどう？

M　俺は絵心が全然ないから。子供の時から、みんなが好きな美術の時間が大嫌いだったんだもん。俺にはちょっと向いてないと思うよ。

F　漫画を描くサークルもあるけど、漫画を読むサークルってのもあるよ。お勧めの漫画を紹介し合って、のんびり読むだけなんだって。部室をちょっと覗いてみたけど、おもしろそうな漫画がたくさんあったよ。それに、サークルが忙しくて学校の勉強に支障があってはいけないから、こんなのんびりしてるサークルがいいと思わない？

M　う～ん、あんまり気が進まないなあ。俺は運動サークルに入りたいんだよなあ。

F　運動に積極的だね。まあ、自分の趣味を生かせるサークルがいいとは思うよ。一人で入るのはちょっといやだけど、しょうがないね。気が変わったらまた言ってね。

質問 1

女の人はどのサークルに入りますか。

質問 2

男の人はどのサークルに入りますか。

J L P T

N1 파이널 테스트 2회

정답 및 청해 스크립트

1교시 언어지식(문자 · 어휘 · 문법) · 독해

문제1 1 ① 2 ② 3 ④ 4 ① 5 ② 6 ③

문제2 7 ① 8 ④ 9 ② 10 ① 11 ③ 12 ② 13 ②

문제3 14 ① 15 ② 16 ② 17 ① 18 ③ 19 ③

문제4 20 ① 21 ② 22 ① 23 ③ 24 ① 25 ②

문제5 26 ① 27 ④ 28 ④ 29 ④ 30 ② 31 ③ 32 ① 33 ① 34 ② 35 ①

문제6 36 ③ 37 ④ 38 ③ 39 ② 40 ①

문제7 41 ① 42 ① 43 ③ 44 ④ 45 ②

문제8 46 ④ 47 ④ 48 ③ 49 ①

문제9 50 ④ 51 ① 52 ② 53 ① 54 ③ 55 ④ 56 ① 57 ② 58 ③

문제10 59 ② 60 ③ 61 ① 62 ③

문제11 63 ④ 64 ③

문제12 65 ① 66 ① 67 ③ 68 ②

문제13 69 ③ 70 ②

2교시 청해

문제1 1 ② 2 ③ 3 ④ 4 ③ 5 ③

문제2 1 ③ 2 ④ 3 ④ 4 ② 5 ② 6 ①

문제3 1 ② 2 ② 3 ③ 4 ② 5 ③

문제4 1 ① 2 ② 3 ① 4 ① 5 ① 6 ① 7 ① 8 ① 9 ② 10 ② 11 ③

문제5 1 ③ 2-1 ② 2-2 ④

問題1

問題1では、まず質問を聞いてください。それから話を聞いて、問題用紙の1から4の中から、最もよいものを一つ選んでください。

例

女の人と男の人が新しい製品の企画書について話しています。女の人はこの後何をしなければなりませんか。

F　課長、明日の会議の企画書、見ていただけたでしょうか。

M　うん、分かりやすくできあがってるね。

F　あ、ありがとうございます。ただ、実は製品の説明がちょっと弱いかなって気になってるんですが。

M　うーん、そうだね。でもまあ、この部分はいいかな。で、ええと、この11ページのグラフ、これ、随分前のだね。

F　あ、すみません。

M　じゃ、そのグラフは替えて。あ、それから、会議室のパソコンやマイクの準備はできてる？

F　あ、そちらは大丈夫です。

女の人はこの後何をしなければなりませんか。

1番

女の人と男の人が文化センターの講座について話しています。女の人はこの後何をしますか。

F　ねえ、これ見て。文化センターの講座一覧なんだけどね。週末に社会人限定のいろんな講座があるよ。これなんかどう？ おもしろそうじゃない？

M　どれどれ。簡単イラスト講座かあ。簡単って書いてあってもパソコンの操作に慣れてないと大変なんじゃないのかな。

F　確かに私は機械音痴なんだけど、そんなに専門的な講座でもないからなんとかできるんじゃないかなあ。

M　パソコンの操作はともかく、君って絵心あったっけ？ イラストっていったらやっぱりそういうセンスも必要なんじゃないの？

F　絵心なんてないよ。学生時代にも美術の時間が一番嫌いだったもん。

M　えー、だったらどうしてよりによってイラスト講座なわけ？ もっとできそうなのにすれば？ 他にも音楽とか、語学とか、もっと合ってそうな講座があるみたいだけど。

F　そっか。始める以上は長く続けられた方がいいもんね。迷っちゃうなあ。

M　だったら授業の詳細内容をホームページで確認してみたら？ それを読んでから気になることは電話して直接聞いてみればいいんじゃない？

F　そうだね。やる気だけじゃ、なんにもできないからとりあえず、どんな講座があるのか調べた方がいいね。

M　うん、それがいいと思う。

女の人はこの後何をしますか。

2番

友達同士の女の人と男の人が話しています。男の人は何をしなければなりませんか。

F　どうしたの？ 顔色悪いけど。

M　風邪がぶり返して、ここ2週間ずっとこんな感じなんだ。

F　最近、風邪が流行ってるらしいよね。お医者さんに診てもらった？

M　うん、ずっと病院で処方してもらった薬を飲んでるんだけど、なかなか治らないんだ。最近仕事で疲れてるから、なおさらだよ。免疫力が落ちてるのかな。サプリメントでも飲もうかな。

F　そうね。営業職でしょ？ 人と接すること多いもんね。喉が乾燥するといけないから、こまめに水飲んだ方がいいかもね。風邪を移さないようにマスクもした方がいいと思うよ。

M　最近気温が上がってきたからマスクして仕事するのはちょっとねえ…。

F　じゃ、仕事の時は外して寝てる時にしたら？

M　ああ、いい考えだね。こまめに水飲んでみるよ。忙しくても栄養のある食事を取るようにするよ。

F　そうそう。よく食べてよく寝てればすぐ治ると思うよ。いくら忙しくても最低限の睡眠時間は確保しないとね。

M　そうだね。

男の人は何をしなければなりませんか。

3番

女の人と男の人が話しています。女の人はこれから何をしなければなりませんか。

F　ちょっと悩み事があるんだけど、相談に乗ってくれる？

M　いいけど、どうしたの？

F　会社を辞めて大学院に進学したいんだけど、親に反対されそうで、言い出せないの。

M　入社してまだ一年も経ってないのに、辞めるの？

F　うん、ずっと勉強を続けたかったんだけどね。これからも親に学費を払ってもらったら悪いと思って、進学を諦めてたんだ。でも、やっぱり勉強続けたいと思って。

M　そっか。親の立場からすれば、せっかく卒業していい会社に就職できたのに、やめて勉強に戻るのは心配かもね。

F　うん、親の気持ちも分かるからなおさら言えないんだ。でも節約して一年間分の学費は貯金してあるの。残りもバイトしながら、自分でなんとかやっていこうと思ってるんだけどね。

M　そうなんだ。同僚にも仕事の環境にも恵まれてるって言ってたから、もったいないなあとは思うけど。会社の上司とか先輩にとりあえず相談してみたら？大変だろうけど、仕事しながら夜間の大学院に通ってる人もいるわけだから、極端な方法を選ばないで両方できる道を探してみたらどうかなあ。

F　なるほど、そういう手もあるね。仕事と勉強を両立させるためには、どういう手続きがあるのか調べてみるね。相談してよかった。なんかすっきりした感じ。

女の人はこれから何をしなければなりませんか。

4番

会社で女の人と男の人が話しています。男の人はこれから上司に何を報告しますか。

F　新入社員の言葉づかいを聞いていると、呆気にとられる時が多いんだよね。

M　先輩、何かあったんですか。

F　社内で砕けた言い方をするのはいいとして、この間、研修をかねて取引先に連れて行った新入社員が取引先の人々の前で礼儀正しい話し方ができなくて、大恥かいちゃった。別に何も言わなかったけど、もしかしたら社員の教育がちゃんとできてないって陰口を言われてるかもしれない。困ったなぁ。

M　実は僕も同じこと考えてたんです。世代間のギャップがあるにしても、やはり仕事をしている以上、社会人としてもマナーや言葉づかいはしっかり身につけるべきですね。新入社員を対象とした講習会を開いてみたらどうでしょうか。一人一人に尊敬語や謙譲語を勉強させるのはあんまり効果がないと思いますけど…。

F　そうだね。確かに個別に指導するより、その方がいいかもね。入ったばかりのやる気満々の新入社員に口うるさく言うのもかわいそうだしね。

M　講習会をするんでしたら、内容や日時などについてまず部長に報告して承諾を得ないといけないですね。

F　そうだね。部長には私と話したことを伝えて、講習会が開けるかどうか、聞いてくれる？

M　わかりました。午後の打ち合わせが終わってから伺ってみます。

F　うん、よろしくね。

男の人はこれから上司に何を報告しますか。

5番

学校で女の学生と男の学生が話しています。女の学生はこれから何をしますか。

M　来月にボランティア活動に行くんだけど、人手足りなくてさ。土曜日にやるんだけど、時間空いてる？

F　へえ、どんなボランティア？

M　地域のお年寄りに食事を支援して元気づけてあげようって、区役所とうちの大学が連携して企画したんだ。

F　へえ、いいことやってるね。私にもできることがあったら、手伝いたいな。

M　本当？よかった。男子学生は仮設テントを設置したり、農家から提供してもらった野菜を運んだりする予定で、女子学生はカレー作りの下準備とかお年寄りに食事を配ったりすることになると思う。

F　カレーは下準備だけでいいんだよね。味つけとかは自信ないから。

M　そこは栄養士さんが来てやってくれるから大丈夫だよ。俺たちはサポート役だからあんまり難しいことはやんないと思うよ。参加者は申込書を提出しな

청해 ②

きゃいけないんだけど、区役所の方に電話で問い合わせるか、ホームページで、申込書をダウンロードして記入するか、区役所に行って、ボランティアに参加するって言っていいらしいよ。そこに申込書も置いてあるから。

F　明日の授業は2限で終わるし、ちょうど、コンピュータ演習室で授業するから、そこで申込しようかな。

M　えっ、授業終わってからも演習室使えるの？

F　よくわからないけど、使えるんじゃないかな。

M　俺は今から企画担当の人と相談することがあって区役所に行くんだけど、一緒に行かない？

F　そうだね、すぐそこだし、行って申し込もうか。

女の学生はこれから何をしますか。

問題 2

問題2では、まず質問を聞いてください。そのあと、問題用紙のせんたくしを読んでください。読む時間があります。それから話を聞いて、問題用紙の1から4の中から、最もよいものを一つ選んでください。

例

大学で男の学生と女の学生が話しています。この男の学生は先生がどうして怒ったと言っていますか。

M　ああ、先生を怒らせちゃったみたいなんだよね。困ったな。

F　え、どうしたの？

M　うーん。いやそれがね、先生に頼まれた資料、昨日までに渡さなくちゃいけなかったんだけど、いろいろあって渡せなくて。

F　えー、それで怒られちゃったの？

M　うん、いや、それで怒られたっていうより、おととい、授業のあと、飲み会があってね。で、ついそれを持っていっちゃったんだけど、飲みすぎて、寝ちゃって、忘れてきちゃったんだよね。

F　え？じゃ、なくしちゃったわけ？

M　いや、出てはきたんだけどね、うん。先生が、なんでそんな大事な資料を飲み会なんかに持っていくんだって。

F　ま、そりゃそうよね。

この男の学生は先生がどうして怒ったと言っていますか。

1番

女の人と男の人が話しています。女の人はどうして残念だと思っていますか。

F　うちの会社ってフレックス・タイム制だったじゃない？それやめるんだって。

M　えっ、どうして？出社、退社の時間が流動的でいいって言ってただろう。

F　うん、私の部署みたいに海外の支店とか取引先との連絡が多いところは、仕事の調整とか、時間の調節が自由にできてすごくよかったんだけど、会社側からするといろんな問題があって、制度を見直すことにしたらしいの。

M　問題ってどういうこと？

F　会議とか打ち合わせの時間を合わせづらいとか、時間外手当の問題とかね。フレックス・タイム制は社員一人一人が時間を有効に活用して、不必要な勤務時間を削って、人件費も削減したいという狙いがあるみたいなんだけど、それがなかなかうまく行かないらしいの。しかも自己管理が苦手な人はむしろ業務効率が下がるんだって。

M　なんでもメリット、デメリットはあると思うけど、その制度に魅力を感じて入社した人はかわいそうだな。

F　そうね。私にとっては仕事のメリハリがつけられてよかったから、本当に残念。

女の人はどうして残念だと思っていますか。

2番

ダンス教室の講師とスタッフが話しています。講師がオンライン授業を勧める理由は何ですか。

F　新型コロナウイルスが流行ってて、このまま授業を続けるのは難しいと思いますけど、しばらく休講した方がいいでしょうかねえ。感染者の数は大分落ち着いて、みんな普通に仕事に戻っているみたいですけど、私たちは室内に集まって授業をするからちょっと心配です。

M　そうですね。感染者は減ってきてはいるけど、連日マスコミでそのニュースが流れているから受講者の方々もけっこう気になさってるようですね。何かいい方法はないでしょうかねえ。毎日全スタッフがマスクを着用するのを義務化して、室内の空気もしょっちゅう入れ替えて、一日に何度もこまめに体温のチェックをして、熱がある場合はスタッフでも受講生でも直ちに帰宅させているんですけど、それでも不安はなかなか消えないですよね。

F　踊ってる時はただでさえ息苦しいのに、マスクして踊らないといけないから、みんなかなり苦しそうですよ。それで思いついたんですけど、家で受講できるようにすればどうかと。

M　ああ、オンライン授業ですか。ダンスなのに大丈夫でしょうかね。

F　できなくもないと思いますよ。目の前で見るのと比べたら、細かな動きのチェックはできないかもしれませんけど、みんなパソコンでカメラをつけてモニターを見ながら踊ればいいんじゃないかなと思います。

M　なるほど。できなくもなさそうですね。じゃあ、うまくいくかどうか、長年踊ってきた生徒さんと試してみましょうか。

F　そうですね、やってみないとわからないから、とりあえず試してみましょう。

講師がオンライン授業を勧める理由は何ですか。

3番

女の人と男の人が話しています。女の人はどうして植木鉢を処分することにしましたか。

F　ハクション！

M　大丈夫？もしかして、花粉症？

F　花粉症じゃなくて、ハウスダストみたい。ひどい時は目もかゆいし、一日中鼻水が止まらないの。

M　それは大変だね。こまめに掃除したらよくなるんじゃないかな。家具の隙間とか床の隅とか。

F　掃除は怠けないでちゃんとやってるつもりなんだけど、なかなか治らなくて。

M　照明器具とか観葉植物の葉っぱみたいな意外なところにもほこりが溜まりやすいんだって。そういうところは普段あんまり目が行かないじゃない。それもチェックしてみたら？

F　ああ、観葉植物か。それは考えもしなかった。確かにうちに空気清浄のために買っておいた植木鉢がけっこうあるけど、水遣りばかり気にしてて、葉っぱのことなんか考えてなかった。

M　じゃあ、ずっとそこに溜まってたほこりを吸い込んでたかもね。

F　やだな。ほこりが溜まらないような空間作りをしないとね。ミニマルに暮らしてるって思ってたけど、植木鉢の数はミニマルじゃなかったみたい。少し処分しよう。

女の人はどうして植木鉢を処分することにしましたか。

4番

女の人と男の人が話しています。男の人はマイファームのどんなところがいいと言っていますか。

F　私、最近マイファームにはまってるんだ。

M　マイファームって、貸し農園のこと？

F　そう。週末とか祝日の空いた時間を使って野菜を育てるの。私は初心者だから、農家の方に育てやすいものを教えてもらったの。

M　へえ、そういうのもやるなんて意外だな。野菜育てるのって、誰でもできるの？なんか栽培って聞くと難しそうだけど。

F　そんなことはないよ。農具や肥料は提供してくれるから、手ぶらで行ってもいいし、アドバイザースタッフがいるからいつでも助けてくれるんだ。

M　道具貸してくれるんだったら、いいね。やりたいと思ってても、そういう道具を揃えるのが面倒くさくてできない人もいるもんね。

F　うん。それに、すくすく育ってくる野菜を見ると、やりがいを感じるし、達成感も味わえるよ。おすそ分けできるほどの野菜も収穫できるし、自分が育てた野菜でご飯を作ると料理がさらにおいしくなる気がするの。

M　へえ、楽しそうだね。俺も申し込んでみようかな。

F　うん、お勧め。

男の人はマイファームのどんなところがいいと言っていますか。

5番

女の人と男の人が話しています。男の人は企画書について何をアドバイスしていますか。

F　先輩、初めて企画書を書いてみたんですが、見ていただけますか。

M　ああ、新商品の企画書ね。商品のデザインや性能についてちょっと言葉が多すぎるね。熱意は分かるけど、説明が長いと聞く側の集中力を落とすから、なるべく簡潔に書いた方がいいよ。

F　はい、分かりました。すぐ直します。

M　それからここだけどさ、タイトルは真っ先に目につく部分だから、もう少し短くした方がいいんじゃないかな。タイトルが文章みたいに長いとインパクトが少なくなると思うよ。タイトルを読めばある程度中身が分かるし、ここで第一印象も決まるから、もうちょっと考えた方がいいよ。

F　なるほど、そこまでは気がつきませんでした。

M　あ、そうだ。商品のターゲットも幅広すぎるんじゃないかな。もうちょっと絞り込んでみたら？ ターゲットが変わったら、アプローチの方法も変えなきゃいけないから、修正が大変になりそうだね。

F　さすが、先輩ですね。いろいろと教えていただき、ありがとうございました。

男の人は企画書について何をアドバイスしていますか。

6番

会社で女の人と男の人が話しています。女の人はどうして会社内のサークルに入ろうとしていますか。

F　あのね、最近仕事が忙しくて、運動する時間もなかなか取れないから、会社のヨガサークルにでも入ってみようかなと思ってるんだ。レッスン料は会社が払ってくれるんだって。でも、７割以上出席しないと自腹になるみたい。

M　いいんじゃない？ 健康にもいいし、ストレスの解消もできそうだし。他の部署の人もけっこういるんでしょ？ いろんな人とも交流できるからいいと思うよ。７割以上の出席ってのは、けっこうつらいかもね。

F　確かにそれがちょっと心配だけど、自腹になるのはもったいないから頑張って参加するんじゃないかな。それに、うちの会社だけじゃなくて、子会社や系列会社の人も来てるらしいんだ。それに、これは一番魅力的なことだけど、人脈を広げるいい機会になると思うし。

M　そうだね。うちの会社でも顔は知ってても話したことのない人がたくさんいるもんね。とりあえず、まずサークルに入ってみて、よかったら誘って。

女の人はどうして会社内のサークルに入ろうとしていますか。

問題３

問題３では、問題用紙に何も印刷されていません。この問題は、全体としてどんな内容かを聞く問題です。話の前に質問はありません。まず話を聞いてください。それから、質問とせんたくしを聞いて、１から４の中から、最もよいものを一つ選んでください。

例

女の人が男の人に映画の感想を聞いています。

F　この間話してた映画、見に行ったんでしょ？ どうだった？

M　うん、すごく豪華だった。衣装だけじゃなくて、景色もすべて、画面の隅々までとにかくきれいだったよ。でも、ストーリーがな。主人公の気持ちになって、一緒にドキドキして見られたらもっとよかったんだけど、ちょっと単調でそこまでじゃなかったな。娯楽映画としては十分楽しめると思うけどね。

男の人は映画についてどう思っていますか。

1　映像も美しく、話も面白い
2　映像は美しいが、話は単調だ
3　映像もよくないし、話も単調だ
4　映像はよくないが、話は面白い

１番

男の人が話しています。

M　今年の夏は平年よりも気温が高く、蒸し暑くなるという見通しです。また、本格的な大雨のシーズンを迎え、記録的な大雨が予想されており、警戒心を高めるよう呼びかけています。厳しい暑さの日が多くなる見込みなので、屋外活動やスポーツ観戦はなるべく避けるようにし、万全な熱中症対策をしておく必要があります。大雨に関しては、危険度情報が掲載されているハザードマップを確認し、避難経路を確保しておくなど、いざというときのために備えておきましょう。

男の人は主に何について話していますか。

1　熱中症対策
2　猛暑や大雨の事前の備え
3　屋外活動の禁止
4　災害から命を守る方法

2番

女の人が話しています。

F　今日は人生の大きな節目としてとても大事な成人式の日です。街は振袖姿の素敵な女性で賑わい、ワクワク感溢れる雰囲気になっています。今のように地域の新成人が一堂に会して行う成人式は、いつから始まったのでしょうか。それは1946年、埼玉県で開催された「青年祭」だと言われています。成人式は地域によってもその様子が異なりますが、千葉県では参加率をあげるために、人気スポットであるディズニーランドで行うそうです。また、成人式の衣装として知られている振袖ですが、昔は子供にも着せていたそうです。長い袖を振る振袖には厄除けや、お清めの効果があると考えられていたためです。華やかで美しいだけでなく、深い意味も込められているんですね。

女の人は何について話していますか。

1　全国の成人式の様子
2　成人式の始まりと衣装に含まれている意味
3　成人式の地域差
4　振袖の形の変遷

3番

男の人が話しています。

M　エスノセントリズムとは、自分の育ってきた民族、人種の文化を基準として他の文化を否定的に見たり、低く評価したりする態度や思想のことを言います。自民族中心主義とも言われています。エスノセントリズムは、どんな民族にも多かれ少なかれ存在し、これを完全に克服するのは難しいものです。しかし、文化的状況による差異を認めて偏見を乗り越えることこそ、異文化を理解する第一歩になるのではないかと思います。

男の人が最も言いたいことは何ですか。

1　他の文化を否定的に判断するのは当たり前のことだ
2　自分が育ってきた文化を基準とする生き方は望ましくないが、仕方ない
3　自分が有している文化が正しいものだという思い込みから離れ、多様性を認めるべきだ
4　自分の属している集団から離れないと、他文化への違和感を抱くようになる

4番

女の人が話しています。

F　日本は諸外国に比べて、原子力を除く一次エネルギーの自給率が非常に低いと言われています。そのような状況の中で重要になるのが、再生可能エネルギーの存在です。再生可能エネルギーとは、太陽光や風、バイオマス燃料などをエネルギー源とするエネルギーです。再生可能エネルギーは、化石燃料と異なり、利用時に温室効果ガスである二酸化炭素を排出しないため、環境にやさしく、枯渇する心配もありません。しかし、エネルギーの密度が低いため、大きな設備が必要となります。また、天候などの自然状況にも左右され不安定なため、需要に合わせて発電できないという問題もあります。

女の人は何について話していますか。

1　地熱発電の特徴と今後の課題
2　再生可能エネルギーの概要と問題点
3　日本のエネルギー政策と政府の補助金
4　脱炭素先行地域の選定基準

5番

男の人が話しています。

M　効率よく学習していくために必要な要素は色々ありますが、近年「メタ認知」が注目されています。メタ認知とは、自分がどのように認知しているかを客観的に把握することを言います。メタ認知が高い人は、自分の思考や行動を正確に捉え、コントロールすることができます。また、学習への意欲が高く、自ら目標を定めて推進し、すべての学習過程に能動的に関わっていくことができます。メタ認知は生

まれながらに備わっているものではなく、日常の様々な経験を通して築かれていきます。例えば、授業を聞くだけではなく、周りの人と学習した内容について話し合う機会を設けるなど、頭では理解しても、言葉では上手に説明できないことを相手に伝える練習をしてみてください。

男の人が最も言いたいことは何ですか。

1　メタ認知教育を学校の授業に取り入れるべきだ
2　メタ認知能力は成功経験を積み重ねることで向上する
3　学習において有効なメタ認知は鍛えることによって育成される
4　メタ認知能力の高い人は想像力が豊富である

問題 4

問題 4 では、問題用紙に何も印刷されていません。まず文を聞いてください。それから、それに対する返事を聞いて、1 から 3 の中から、最もよいものを一つ選んでください。

例

M　ああ、今日は、お客さんからの苦情が多くて、仕事にならなかったよ。
F　1　いい仕事、できてよかったね。
　　2　仕事、なくて大変だったね。
　　3　お疲れ様、ゆっくり休んで。

1 番

F　今回のプロジェクトは誰に任せればいいかな。
M　1　田中さんをおいて他にいないでしょ?
　　2　田中さんはただ今席を外しております。
　　3　田中さんは人の面倒見がいいからな。

2 番

M　さっきまで土砂降りだったのに…。
F　1　そんなの知るわけがないでしょ?
　　2　あっという間に晴れちゃったね。
　　3　天気予報はかかさずに毎日見ています。

3 番

F　あそこのお店はいつも行列ができてるね。気になるなあ。
M　1　友達の話だとわざわざ並んでまでして食べるほどじゃないらしいよ。
　　2　今食べたばっかりだから、僕の分は頼まなくてもいいよ。
　　3　去年にもまして景気が悪くなったね。

4 番

F　なんでそんなに英会話の実力が上がったの? コツを教えてよ。
M　1　動画を見ながら毎日コツコツ練習したかいがあったのかな。
　　2　それは必修科目だから単位を落としちゃいけないんだよ。
　　3　留学の手続きをしてるんだけど、ややこしいことが意外と多いね。

5 番

F　どうしてそんなに浮かない顔してるの? なにかあったの?
M　1　見積書にミスがあって部長に怒鳴られたんだ。
　　2　明日から休みだからうきうきしてるんだ。
　　3　やっぱり男も顔の手入れをしなくちゃねえ。

6 番

M　図書館に行くついでにこの本を返却ポストに入れてくれる?
F　1　うん、いいよ。確か、入り口のところにあったよね。
　　2　うん、いいよ。郵便受けに入れとけばいいよね。
　　3　うん、いいよ。授業終わってから一緒に探そう。

7番

F　田中さん、新しいプロジェクトのご説明をお願いします。

M　**1**　お手元の資料に沿ってご説明を申し上げたいと思います。

　　2　大変恐縮でございますが、その製品は返品できかねます。

　　3　その件につきましては、私がお引き受けいたします。

8番

F　タバコの吸殻をポイ捨てする人を見ると、本当に腹が立つよね。

M　**1**　ほんと常識外れだよな。

　　2　タバコの匂いはいやだな。

　　3　喫煙エリアで吸えばいいのにな。

9番

F　買ったばっかりの服を玄関のドアにひっかけて破っちゃった。

M　**1**　それは嬉しいお知らせだな。だからそんなにハイテンションなんだ。

　　2　それは大変だったね。直せないぐらいなの?

　　3　だからといって家に引きこもらないでね。

10番

F　なんで仕事中に居眠りしてるの?

M　**1**　これは乗り心地がよくてさ。

　　2　昨日同窓会があったんだけど、徹夜で飲んじゃって。

　　3　締め切りには間に合わないかも。

11番

M　差し支えなければご連絡先を教えていただけないでしょうか。

F　**1**　お役に立てなくて申し訳ございません。

　　2　連絡先はご存知でいらっしゃいます。

　　3　これ、私の名刺です。

問題5

問題5では、長めの話を聞きます。この問題には練習はありません。問題用紙にメモをとってもかまいません。

1番

問題用紙に何も印刷されていません。まず話を聞いてください。それから、質問とせんたくしを聞いて、1から4の中から、最もよいものを一つ選んでください。

会社で女の人と男の人が話しています。

M　最近、乾燥してるからなのかな、髪の毛が抜けるんだよ。シャンプーの時も排水口に髪が溜まるほど抜けちゃって怖いんだけど…。

F　シャンプーする時とか、ブラッシングする時に抜けるのは、みんな同じだと思うけど、排水口が詰まるほどなら病院にでも行ってみた方がいいんじゃない? 私も前の会社でストレスを受けてた時は、円形脱毛状になってて、苦労してたよ。治療するのに時間もかかったし、円形脱毛でさらにストレスを受けた。早く治した方がいいよ。

M　俺は髪が細いのに抜けちゃうから、見ての通りもうすかすかだよ。

F　食事はちゃんと取ってる? 栄養不足も抜け毛の原因になるんだってさ。山田さんは、一人暮らししてるから、調理の簡単なインスタントばっかり食べてるんじゃないの?

M　まあ、確かにそうだけど、自炊はできないからいつも出前を取って食べたり、レトルト食品を食べたりはしてるね。

F　それじゃだめだよ。年を取るにつれて髪は自然と細くなるんだって。だからボリューム感が減っていくんだってさ。ホルモンバランスを保つことが大事だから、ちゃんとした食事と、あと運動が大事なんだって。あ、そうだ。たいした効果はないかもしれないけど、ふんわり感が出るようなシャンプーもあるよ。使ったことはないけど、抜け毛専用のシャンプー、けっこういいらしいから試してみたら? それから、シャンプーする時は温い温度でヌルヌルしなくなるまでしっかり洗い流した方がいいんだって。

M　病院に行くのは面倒くさいし、一時的に抜けてるかもしれないから、まず食生活の習慣を変えて、シャンプーも替えてみるよ。

男の人は抜け毛対策のために何をしますか。

1 病院に行って、運動をする

2 ストレスを受けないために、転職する

3 食事の習慣を変えて、シャンプーを探す

4 シャンプーの時のお湯の温度を上げて熱めにする

2番

まず話を聞いてください。それから、二つの質問を聞いて、それぞれ問題用紙の1から4の中から、最もよいものを一つ選んでください。

女の人と男の人がラジオを聞きながら話しています。

F1 11月24日から11月28日の五日間にわたり、東京現代文学博物館にて第10回現代文学ブックフェアを開催いたします。今回は、世界各国から著名な現代文学作家らが集結し、本の魅力を伝えますので、文学の世界を体験いただける特別な機会になると思います。また、ゲストを招いて各国の様々な出版文化について紹介するなど、多彩なイベントが予定されています。会場には定員がございますので、事前予約が必要となります。詳しくは公式サイトをご覧ください。

M 来週東京現代文学博物館でブックフェアがあるみたい。一緒に行ってみない?

F2 へえ、一度も行ったことないけど、ブックフェアってどんなことをやってるの?

M 各国の出版社や書店関係者らが参加して、版権とか流通の商談とか取引交渉をするみたいだけど、一般の来客者向けのイベントもあるらしいよ。一般の来客者には特別価格で本を売ってくれたり、興味のあるブースに行って説明を聞いたら、サンプルの本とかポスターとかがもらえたり…。今年は各国の現代の文学作品が展示されるらしいよ。でも関係者向けと一般公開日が分かれてるから、日程をもう一度確認しないと。あ、そうだ。人気作家との交流会やサイン会もあるんだって。今年は世界文学賞を受賞した韓国の作家が来るらしいんだ。

F2 へえ、おもしろそうだね。人気作家に会える機会ってなかなかないもんね。せっかくだし、一緒に行こう。私、その作家の本、読んだことあるの。ニュースでインタビュー見て、面白そうだったから買ったんだ。

M 僕も会ってみたいな。でも、作家自身よりも、その作品の表紙を僕の好きな現代アート作家がコラボして作った本の方に興味があるんだ。限定300冊で売るっていうから、それが買いたいと思って。

F2 へえ、それはすごいね。いろいろ楽しそうだから行こう。

質問1

女の人は何を目当てにブックフェアに行きますか。

質問2

男の人は何を目当てにブックフェアに行きますか。

JLPT N1 파이널 테스트 3회
정답 및 청해 스크립트

1교시 언어지식(문자 · 어휘 · 문법) · 독해

문제1 1 ③ 2 ② 3 ② 4 ① 5 ② 6 ①
문제2 7 ④ 8 ① 9 ② 10 ④ 11 ④ 12 ③ 13 ③
문제3 14 ② 15 ① 16 ④ 17 ④ 18 ② 19 ④
문제4 20 ① 21 ② 22 ④ 23 ③ 24 ① 25 ②
문제5 26 ② 27 ③ 28 ③ 29 ① 30 ① 31 ④ 32 ② 33 ③ 34 ④ 35 ①
문제6 36 ④ 37 ② 38 ① 39 ③ 40 ④
문제7 41 ② 42 ③ 43 ① 44 ④ 45 ②
문제8 46 ③ 47 ② 48 ③ 49 ④
문제9 50 ③ 51 ④ 52 ② 53 ② 54 ① 55 ③ 56 ② 57 ① 58 ①
문제10 59 ④ 60 ② 61 ① 62 ④
문제11 63 ② 64 ②
문제12 65 ② 66 ③ 67 ② 68 ①
문제13 69 ② 70 ③

2교시 청해

문제1 1 ① 2 ② 3 ① 4 ③ 5 ①
문제2 1 ② 2 ③ 3 ④ 4 ④ 5 ② 6 ③
문제3 1 ③ 2 ① 3 ② 4 ③ 5 ②
문제4 1 ② 2 ① 3 ③ 4 ③ 5 ① 6 ① 7 ① 8 ② 9 ① 10 ① 11 ②
문제5 1 ③ 2-1 ① 2-2 ③

問題 1

問題１では、まず質問を聞いてください。それから話を聞いて、問題用紙の１から４の中から、最もよいものを一つ選んでください。

例

女の人と男の人が新しい製品の企画書について話しています。女の人はこの後何をしなければなりませんか。

F　課長、明日の会議の企画書、見ていただけたでしょうか。

M　うん、分かりやすくできあがってるね。

F　あ、ありがとうございます。ただ、実は製品の説明がちょっと弱いかなって気になってるんですが。

M　うーん、そうだね。でもまあ、この部分はいいかな。で、ええと、この11ページのグラフ、これ、随分前のだね。

F　あ、すみません。

M　じゃ、そのグラフは替えて。あ、それから、会議室のパソコンやマイクの準備はできてる?

F　あ、そちらは大丈夫です。

女の人はこの後何をしなければなりませんか。

1番

大学で女の学生と男の学生が話しています。女の学生はこの後まず何をしなければなりませんか。

F　先輩、ゼミのアンケートのことなんですが。

M　ああ、留学生の生活についてのアンケートね。明後日だっけ?

F　はい、質問事項をまとめてみたんですけど、これでいいですか。

M　うーん、内容はこれでいいと思うよ。でも、全項目選択にすると、その他の意見が聞けなくなっちゃうから、自由記述もあった方がいいんじゃないかな。

F　あ、そうですね。

M　あと、アンケートする前に必ず調査協力の承諾書を書いてもらってね。

F　はい、分かりました。

M　アンケートの人数は足りそう?

F　はい。協力してもらう学校にもう人数は確認してあります。

M　じゃ、大丈夫だね。

F　あと、アンケートをしてくれた留学生たちに何かプレゼントをしたいんですが。

M　うーん、人数が多くて負担になるんじゃない?

F　まあ、でも、何か日本らしい物をあげたいと思って。

M　それなら、以前、ゼミで作ったペン、あげたら? あの時作りすぎて結構残ってるよね。

F　そうですね。ペンに日本の伝統的な人形が付いててかわいいって好評でしたもんね。分かりました。そうします。

女の学生はこの後まず何をしなければなりませんか。

2番

会社で女の人と男の人が話しています。男の人はこの後何をしますか。

F　田中君、キャビネットの整理、終わった?

M　はい、保管する書類はあのキャビネットに入れて、保管期限が切れた書類は、処分するためにあの箱に入れてあります。

F　そう? とにかく会社のマニュアル通りにやってね。

M　はい、分かりました。あ、それと、ちょっと処分してもいいかどうか判断がつかない書類があるんですが、確認していただけますか。

F　いいよ。じゃあ、すぐ持ってきて。ああ、海外からの視察団はもう着いたの?

M　はい、今人事部長と今日の視察について話し合いをしてるそうです。

F　そう? じゃ、午後はこっちに来る可能性が高いね。視察団に渡す資料はそろってる?

M　はい、もう用意しておきました。

F　あと、視察団が来たら、田中君が案内してくれる? 私は午後から取引先との会議があるから。

M　はい、分かりました。

男の人はこの後何をしますか。

3番

研究室でリーダーが研究員に開発中の洗剤について話しています。研究員は洗剤をどのように改良しますか。

M　みなさん、開発中の食器用洗剤のことですが、試作品の使用調査結果が出ました。前回の調査結果では洗浄力が弱い、香りが強すぎる、泡持ちが悪いという指摘がありました。それで成分を調整し、２回目の使用調査を行った結果、香りについては強いというコメントがまだ多くついていましたが、洗浄力が弱い、泡持ちが悪いという指摘は今回はなく、肌への負荷についても肯定的な意見をもらうことができました。引き続き改良が必要なのは、この1点に絞られました。次の調査に向けて、この点の改良に重点をおいて取り組んでいきましょう。

研究員は洗剤をどのように改良しますか。

4番

大学で女の学生と男の留学生が話しています。男の留学生はこの後何をしなければなりませんか。

M　あのさ、歌舞伎って見たことある?

F　歌舞伎? うん、あるよ。どうして?

M　実は来週の週末ゼミの先生に歌舞伎鑑賞に誘われてて。

F　いいじゃない。日本の伝統文化を知るいいチャンスでしょう。

M　うーん。でも、歌舞伎に関する知識も全くないし、歌舞伎って日本の人が見ても何を言ってるのか分からないっていうのに。まして留学生の僕なんかにはちんぷんかんぷんだと思うんだ。やっぱり断った方がいいかな。

F　せっかく先生が誘ってくださったんだから、行ってみたら? 歌舞伎に精通してる人なんて、そうそういないし。

M　うーん。

F　そんなに心配だったら、歌舞伎について勉強して行ったら? 私、以前歌舞伎を見に行く時、「歌舞伎入門」って本借りて読んだんだけど、歌舞伎について分かりやすく書いてあって、すごく役に立ったよ。

M　「歌舞伎入門」か。どこで借りたの?

F　大学の図書館になかったから、確か区立図書館で借りたよ。ああ、でも、本を借りる時は利用登録をしなきゃね。でも、利用登録をしたらすぐ借りられるから。

M　うん、分かったよ。あと服装だけど、どんな格好で行けばいいのかな。やっぱりスーツじゃなきゃダメかな。僕、スーツ持ってないから買いに行かないといけないんだ。

F　そこまで正装する必要ないよ。まあ、あんまりラフな格好じゃ失礼になるけど。あ、そうそう、この間ゼミの発表の時に着てたのでいいんじゃない?

M　そう? じゃあ、そうするよ。

男の留学生はこの後何をしなければなりませんか。

5番

塾を経営する会社で社長と女の人が話しています。女の人はこの後どうしますか。

M　うちが経営してる英会話教室５校のうち、ここが一番売り上げが伸び悩んでるね。

F　すみません。この辺に英会話教室が増えていて、競争が激しくなってるんです。

M　じゃあ、何か対策が必要だね。

F　ええ、私もそう思っていくつか考えてみたんですが、まず今やってる講義形式の授業に加えて希望者には個別指導をするっていうのはどうでしょうか。

M　ああ、悪くないね。他に何かある?

F　最近、子供の英語教育に関心が高まっていて、幼稚園児を持つ親御さんからの問い合わせも多いんですが、就学前の幼児をターゲットにクラスを新設するというのもいいかと。

M　なるほど。でも、幼児を対象にしたクラスは内容がずいぶん変わってくるから、準備にちょっと時間がかかるな。

F　そうですね。

M　そうだ、最近、どこの業界も高齢者向けの商品を出してるけど、うちも高齢者向けの英語教室なんかどうかな。

F　ええ、いいとは思うんですけど、ただ、先月この近くに市のカルチャーセンターができて、高齢者向けの教室が開講されたんです。市が運営してるので、価格も手ごろですし。

M　そうなんだ。ああ、あと、授業をしてない時、学生たちが自由に勉強できるように勉強部屋として運営するっていうのはどうかな。

F　ああ、それはもうやっています。無料だから、学生たちにもとても好評です。

M　ああ、そうなんだ。じゃあ、まずは新しい指導形式の導入について、具体的な案を考えて提出してくれる?

F　はい、分かりました。

女の人はこの後どうしますか。

問題２

問題２では、まず質問を聞いてください。そのあと、問題用紙のせんたくしを読んでください。読む時間があります。それから話を聞いて、問題用紙の１から４の中から、最もよいものを一つ選んでください。

例

大学で男の学生と女の学生が話しています。この男の学生は先生がどうして怒ったと言っていますか。

M　ああ、先生を怒らせちゃったみたいなんだよね。困ったな。

F　え、どうしたの？

M　うーん。いやそれがね、先生に頼まれた資料、昨日までに渡さなくちゃいけなかったんだけど、いろいろあって渡せなくて。

F　えー、それで怒られちゃったの？

M　うん、いや、それで怒られたっていうより、おととい、授業のあと、飲み会があってね。で、ついそれを持っていっちゃったんだけど、飲みすぎて、寝ちゃって、忘れてきちゃったんだよね。

F　え？じゃ、なくしちゃったわけ？

M　いや、出てはきたんだけどね、うん。先生が、なんでそんな大事な資料を飲み会なんかに持っていくんだって。

F　ま、そりゃそうよね。

この男の学生は先生がどうして怒ったと言っていますか。

１番

女の人とクリーニング屋の店員が話しています。女の人はどうすることにしましたか。

F　あのう、この服、先週クリーニングに出したものなんですけど、今日着ようと思ったら腕のところが破れてて。

M　え、本当ですか。それは申し訳ございません。では、ちょっと拝見いたします。こちらで補修することも可能ですが、補修したとしてもちょっと目立ちそうですね。もしよろしければ、新しいものをお求めになって、店の方に請求していただけますか。

F　この服は先月海外の友達のところに旅行に行った時に買ったものだから、国内では買えないんです。その友達に頼もうとも思ったんですけど、今研修に行ってて、来月じゃないと戻らないし。

M　でしたら、海外のショッピングサイトでご購入なさってはいかがでしょうか。ご購入の上、領収書を添付していただければ、全額お支払いいたしますが。

F　海外のサイトだと、送料の他に関税も払わなきゃいけないんですよね。

M　それはご心配いりません。当店ですべてお支払いいたしますので。

F　でも、海外のサイトで買うとなると、会員登録もしなきゃいけないし、商品が届くまで時間もけっこうかかるし、色々と面倒なことが多いんですよね。あのう、この服の買った時の領収書があれば、弁償してもらえるんですよね。

M　ええ、もちろんです。

F　じゃ、うちで探してみます。

女の人はどうすることにしましたか。

２番

レストランでオーナーとインテリアコーディネーターが話しています。インテリアコーディネーターは店の売上を伸ばす方法についてどんなアドバイスをしていますか。

F　今日はこちらのお店の改装のご相談、ということですね。

M　ええ。店もずいぶん古くなったし、最近売上も伸び悩んでるので、思いきって内装を変えて、来客数を増やしたいと思って…。

F　そうですか。まず、テーブルは店の雰囲気とよく合ってて、おしゃれでいいですね。配置も悪くないと思いますよ。

M　そうですか。この際、家具も全部買い替えようかと思ってたんですけど、じゃあ、その必要はないですね。

F　ええ、ただお店の壁の色は青で統一されてますけど、青系の色は清潔なイメージがある一方、食欲を減退させると言われてるんです。逆に赤やオレンジ系の色は食欲をかき立てて、活動的な気分にするので、お客さんの滞在時間も短くなるって言われてるんです。

M　ああ、つまり回転率が上がるってことですね。そうなれば願ったり叶ったりです。

F　ええ、ですからこの点を改善なさればいいんじゃないかと思います。あと、照明は明るい方がお客さんも入りやすいと言われてるんですが、ここは十分明るいですね。

M　飲食店は明るすぎるとよくないって聞いてるので、どうかなって思ったんですけど。

F　テーブルの間隔が狭いお店の場合は、隣の席の人が視野に入りやすいので、明るいと居心地が悪くなるんですが、これぐらい離れてれば、問題ないと思いますよ。

M　そうですか。

インテリアコーディネーターは店の売上を伸ばす方法についてどんなアドバイスをしていますか。

3番

園芸用品の店で女の人と店員さんが話しています。植木が枯れた原因は何ですか。

F　この植木、先月買ったばかりなのにもう枯れてしまったんですけど。

M　ええ、そうですか。植木の手入れの仕方はお聞きになりましたか。

F　ええ、日当たりのいいところに置いて、水は週に3回って。その通りにやったのに枯れちゃったんです。

M　そうなんですか。ところで、植木はどこに置いてらっしゃいましたか。

F　日当たりのいいベランダに置いていました。

M　なるほど。この植木は寒さに弱いので、今の季節はベランダや窓際に置くと枯れる恐れがあるんです。ですから、日中以外は冷気に当たるところから遠ざけてください。

F　ああ、それでだったんだ。ずっとベランダに置きっぱなしにしちゃってました。あと、水やりは週に3回でいいんですよね。

M　ええ。ただ、水のやりすぎも枯れる原因になるので、一度にやる分量をちゃんと守ってくださいね。肥料はどうなさってますか。

F　肥料ですか。まだ一度もやってないんですけど。

M　この植木は一ヶ月に一回は肥料をやるようにしてください。肥料には液体の物と粒状の物がありますが、液体より粒状の物の方が栄養素が隅々にまで届くので、できれば粒状の物をお勧めします。

植木が枯れた原因は何ですか。

4番

女の人と男の人が話しています。男の人は今流行っている言葉についてどう思っていますか。

F　ねえ、理系女って知ってる？

M　理系女？ 初めて聞いたけど。どういう意味？

F　理系女っていうのは、理系の女子っていう意味。

M　へえ、そうなんだ。

F　最近は何とか女子とかが流行ってるみたいで、歴史が好きな歴女とか、鉄道が好きな女子鉄、あと山が好きな山ガールとかもあるんだ。

M　へえ、そういえば、うちの課に新しく入った女子社員も釣りガールとか言ってたな。なんで男子のはなくて女子にだけ使うんだろう。ちょっと不公平だよね。

F　ま、女の子が一般的にあまり好きじゃなさそうなものを好きだって言ってる女の子って意味で、ちょっと特別だってことだと思うけどね。

M　うーん、性差別をなくそうとしてる今の時代にこんな言葉が流行るなんて、なんか腑に落ちないなあ。

F　ほんとだね。

男の人は今流行っている言葉についてどう思っていますか。

5番

女の人と男の人が話しています。女の人は電子書籍についてどう思っていますか。

M　遅れてごめん。会議が長引いちゃって。

F　大丈夫だよ、本読んでたから。

M　え、本って？

F　ああ、電子書籍。ケータイやタブレットで本が読めるようになってるの。

M　へえ、そうなんだ。でも、ケータイだと目が疲れたりしない？

F　まあ、目が疲れることもあるけど、なによりも持って歩かなくてもいいから楽なんだよね。それに、紙の本より安いし、場所もとらないし、アプリによっては読み放題のところもあるんだ。

M　ふーん。僕は本を買う前に内容を確認しないと気が済まないタイプだからなあ。電子書籍だと、本を表紙だけ見て買わなきゃいけないんだろう？ それはちょっとねえ。

F　そんなわけないでしょう。ちゃんと「試し読み」できるようになってるよ。それに読んだ人たちのレビューも読めるから、それ見て買うのよ。

M　そっか。でも、ケータイだと、前みたいに読んだ本を貸してもらうっていうのは、できないんだよね。

F　そうね。それはできないね。

M　本当に残念だ。

女の人は電子書籍についてどう思っていますか。

6番

女の人と男の人が話しています。男の人は保存食についてどう思っていますか。

F　ねえ、被災時のための保存食、どうしてる？

M　えっと、5年前に買って、それからそのまんまだ。

F　えー、5年？ それじゃもう賞味期限切れてるよ。

M　え、保存食って10年ぐらい持つんじゃないの？

F　そんなわけないでしょう。長くて3年で、普通は2年ぐらいだよ。

M　知らなかった。そうか、もったいないなあ。結構まとめ買いしたからなあ。

F　どれくらい買ったの？

M　だいたい1ヶ月分ぐらいかな。保存食って水を入れないと食べられないものが多いから、水も一緒に買っといた。

F　災害時にライフラインが機能しなくなった場合、普通3日で復旧するって言われてるのよ。だから、余裕を持っても1～2週間分ぐらいでいいと思うよ。とにかく、賞味期限を過ぎてないものがあるかどうか確認してみて、食べられそうなのは、食べちゃおう。

M　え、食べるの？ 保存食って、災害時の食料だから、あんまりおいしくなさそうなんだよな。パサパサしそうだし。

F　そんなことないよ。最近の保存食は品ぞろいも豊富で、とてもおいしいんだよ。ああ、あと保存水も一緒に持ってきてね。

M　え、保存水？ 普通のミネラルウォーターじゃだめなの？

F　普通のミネラルウォーターはもって2～3年よ、もう。じゃあ、水は捨てるんだね。

M　あーあ、もったいない。

男の人は保存食についてどう思っていますか。

問題3

問題3では、問題用紙に何も印刷されていません。この問題は、全体としてどんな内容かを聞く問題です。話の前に質問はありません。まず話を聞いてください。それから、質問とせんたくしを聞いて、1から4の中から、最もよいものを一つ選んでください。

例

女の人が男の人に映画の感想を聞いています。

F　この間話してた映画、見に行ったんでしょ？ どうだった？

M　うん、すごく豪華だった。衣装だけじゃなくて、景色もすべて、画面の隅々までとにかくきれいだったよ。でも、ストーリーがな。主人公の気持ちになって、一緒にドキドキして見られたらもっとよかったんだけど、ちょっと単調でそこまでじゃなかったな。娯楽映画としては十分楽しめると思うけどね。

男の人は映画についてどう思っていますか。

1　**映像も美しく、話も面白い**
2　**映像は美しいが、話は単調だ**
3　**映像もよくないし、話も単調だ**
4　**映像はよくないが、話は面白い**

1番

ラジオで女の人が話しています。

F　長い間、一般的に「ストレスは有害である」と言われてきました。しかし3万人の成人を対象にした研究結果をきっかけに、それまでの考え方が見直されはじめました。まず参加者に対して、「ストレスを感じたかどうか」、「ストレスは健康に害をもたらすか」という質問を行い、そして8年後の追跡調査で、参加者のうち誰が亡くなったかを確認した結果、死亡リスクが高まっていたのは、強度のストレスを受けた参加者の中でも、「ストレスは健康に悪い」と考えていた人たちだけであったのです。ストレスそのものではなく、ストレスをどう捉えているかが、健康状態を左右する－こうした考え方は、従来とは異なるものです。また、ものごとに対する考え方が健康と寿命に関係するということが、たとえば「年齢を重ねることをポジティブに考えている人は、ネガティブに考えている人よりも長生きする」、「他人を信用できると考えている人は、信用できないと考えている人よりも長生きする」ということがわかったのです。

女の人の話のテーマは何ですか。

1　ストレスの有害性
2　ストレスと健康の共通性
3　考え方が健康に及ぼす影響
4　長生きのための健康管理

2番

会社の研修で講師が話しています。

M　すべてのコミュニティは、人間関係で成り立っています。よいコミュニティを作り、育て、ビジネスに繋げるためには、良好な人間関係を築ける能力が欠かせないものです。もちろん、それを難しく考える必要はありません。人間関係は、「自分がいい関わり方をしたら、相手もいい関わり方をしてくれる」という、ごく当たり前の原理のもとに成り立っているからです。コミュニティについて知るには、とりあえずたくさんのコミュニティに参加してみることです。しかし、ただ参加するだけでは意味がなく、大事なのは「周囲の人を観察して何を求めているか見極める」ことです。今の時点で相手が何を求めているのか、そしてその場の雰囲気を壊さないためには何をすべきか、それが察知できれば円満な人間関係が築けることでしょう。またコミュニティの中では、相手の話を「受け止める」ようにしましょう。具体的にすぐできる方法としては、相手の話に対する第一声を「いいね」にすることです。「いいね」は、「あなたの考えを受け止めましたよ」という証なのですから。

男の人は何について話していますか。

1　ビジネスに繋がるコミュニティの作り方
2　よりよい人間関係の築き方
3　人間関係においての気配り
4　コミュニティ運営の仕方

3番

テレビで専門家が話しています。

M　現代では食生活の多様化が進み、気軽に世界各国の料理が楽しめる素晴らしい時代になりましたね。しかし、この豊かな時代がいつまで続くでしょうか。実は、将来的には地球環境の悪化が進み、穀物の不作によって人口増加に食糧の供給が追いつかなくなる時代が来ると推測されています。この食糧問題が深刻化した場合に、次世代の食材として注目されているのが昆虫食です。昆虫は見た目以上にさまざまな栄養素を含んでおり、サプリメントや健康食品としても注目されています。昆虫の栄養価は種類によって異なりますが、一匹の体の約６０から７０パーセントがたんぱく質でできており、鉄やマグネシウム、カルシウム、亜鉛などのミネラルも含まれています。その豊富な栄養と加工の容易さから、幅広い食品への活用が期待されているわけです。生産面から見ても、昆虫は飼育するのに必要な飼料が、牛や豚などの主な家畜の約4分の1で、成長の速度も各段に早いのが特徴です。環境さえ整えば、季節を問わず生産できる食料となることで、注目を集めています。

専門家は何について話していますか。

1　未来の食糧問題
2　昆虫食が注目されている理由
3　昆虫の栄養価
4　昆虫食の安全性

4番

会議で研究員が話しています。

F　今年も花粉症のシーズンがやってきて、街にはマスクを着用した人も目立つようになりましたが、従来の花粉症の薬を飲んでいる方からは「薬を飲むと眠くなる」、「薬が早く効かない」、「飲み忘れることがある」など、色々不満な点が多いということでした。そこで、田中製薬では新しく「花粉エックステープ」を開発いたしました。世界初の貼る花粉症の薬、「花粉エックステープ」は、成分は飲み薬と同じ第２世代の抗ヒスタミン薬で、くしゃみ、鼻水、かゆみを抑える効果があります。「花粉エックステープ」は皮膚から薬の成分が吸収されるので、胃腸や肝臓に負担をかけません。また、薬の濃度が血液中で安定するため、１日１回貼るだけで２４時間効果が持続するのも特長です。加えて、飲み忘れのようなことはなく、高齢の方など、薬を飲むのが苦手な方にも向いています。現在は成人に対してのみ承認が下りていますが、飲み薬を嫌がるお子さんにも使えるようになればと思いまして、今後は臨床試験が行われる見通しです。

女の人は何について話していますか。

1　花粉症と薬の関係
2　花粉症の薬の問題点
3　貼る花粉症の薬
4　花粉症の薬のこれからの見通し

5番

講演会で医師が話しています。

F　研究によると、認知症はあらゆる人に起こりうる病気であることがわかっています。不健康な食生活、運動不足、過度な飲酒、睡眠不足を抱えている人ほど、認知症になりやすいのです。認知症にならないためには、まずは生活習慣を見直すことが必要です。またそれに加えて、脳に最高の栄養素をできるかぎり多く与え続けることも必須です。その栄養素の代表例が「前向きな考え」です。新しいことや苦手なことに挑戦すると、脳の中で新たな分野が開拓されていき、何事にも好奇心をもって挑戦することが、脳の成長に繋がるのです。脳の機能は、思考・感情・伝達・運動・理解・聴覚・視覚・記憶の大きく8つにわかれており、普段自分がどの機能をよく使っているのか意識しながら行動をしてみると、あまり使われていない機能が開拓され、脳の機能は強化できます。中でも、感情は生きている限り成長を続けることで知られています。努力次第で脳の健康を保つことはもちろん、向上させることも可能なのです。

女の人は何について話していますか。

1　認知症の管理の仕方
2　脳の成長と機能の強化
3　肯定的な考え方の利点
4　年齢による脳の劣化

問題４

問題４では、問題用紙に何も印刷されていません。まず文を聞いてください。それから、それに対する返事を聞いて、1から3の中から、最もよいものを一つ選んでください。

例

M　ああ、今日は、お客さんからの苦情が多くて、仕事にならなかったよ。

F　1　いい仕事、できてよかったね。
　　2　仕事、なくて大変だったね。
　　3　お疲れ様、ゆっくり休んで。

1番

M　企業面接で研究やゼミの話をするのはやっぱりありきたりかな。

F　1　うーん、それはありえないね。
　　2　そうね。もうちょっと考えてみたら？
　　3　え、もう飽きちゃったの？

2番

M　同窓会の幹事を買って出たんだって？

F　1　うん、みんな忙しそうだったから。
　　2　うん、私の番だったから。
　　3　うん、勝手に決められちゃって。

3番

M　佐藤君、あんなに嫌ってた部長に褒められてまんざらでもない様子だったよ。

F　1　そんなにがっかりしたの?
　　2　かわいそうなことをしたわね。
　　3　ええ? 本当にあきれるね。

4番

F　どうしたの? 浮かない顔してるけど。

M　1　僕、金槌なんだ。
　　2　今日とてもついてたんだ。
　　3　会議の準備をやらされる羽目になっちゃったんだ。

5番

M　雨がひどくなってきたな。このままじゃイベント中止もやむを得ないな。

F　1　そうですね、これじゃ無理ですね。
　　2　それは無茶だよ。
　　3　もうすぐやみそうなんですね。

6番

F　連休はどうする予定ですか。

M　1　久しぶりにうちで羽を伸ばそうと思ってます。
　　2　駅まで足を延ばそうと思ってます。
　　3　新しい分野にまで手を延ばそうと思ってます。

7番

M　あの女優さんのひたむきな姿、ほれぼれするね。

F　1　そうだね、思わず見とれちゃうよね。
　　2　そうだね、演技が下手すぎるよね。
　　3　演技が上達してこれじゃあね。

8番

F　ここは静かで休憩するのにもってこいの場所ですね。

M　1　残念だけど、今日は持ってこなかったんです。
　　2　日当たりもいいし、うってつけですね。
　　3　もうちょっとで完成するところだったんですが。

9番

F　この間の企画会議で部長にダメだしされちゃったんです。

M　1　部長も君のことを思ってのことだから、そんなに落ち込まないで。
　　2　部長に言われたんだから、無理を言っては駄目だよ。
　　3　ダメでもともとなんだから、頑張って。

10番

F　ねえ、お母さんかんかんだよ。なんかやったの?

M　1　特に思い当たる節はないけど。
　　2　もう少し考えて行動した方がいいよ。
　　3　自転車を漕ぐとカンカン鳴るんだ。

11番

M　今度の昇進者リスト、もったいぶらないで教えてくださいよ。

F　1　こんなに残すなんて、本当にもったいないわね。
　　2　でも、人事部の人に絶対内緒だって言われてるの。
　　3　知りたかったら、もっと努力することね。

問題5

問題5では、長めの話を聞きます。この問題には練習はありません。問題用紙にメモをとってもかまいません。

1番

問題用紙に何も印刷されていません。まず話を聞いてください。それから、質問とせんたくしを聞いて、1から4の中から、最もよいものを一つ選んでください。

女の学生と男の学生が大学のゼミについて先輩に相談しています。

F　先輩、3年生からはゼミに入らなきゃいけないって聞いたんですけど、どこがいいか迷ってるんです。

M1　まあ、ゼミは必ず入らなくちゃいけないってことはないけど、卒論とかを考えると入った方がいいだろうね。

M2 え、卒論にも関係あるんですか。

M1 普通、ゼミでの研究を卒論にすることが多いからね。二人とも何について研究したいか考えてみた？

F 私たち二人とも中国に興味があって、そっちの方のゼミに入ろうと思ってるんですけど。

M1 だったら、「中国の歴史と文化」なんかどう？ 中国の古代の歴史と文化が研究できていいと思うよ。

F でも、古代の歴史はちょっと…。私、現代の中国に興味があるんです。

M1 うーん、じゃ、「現代社会論」なんかはどう？ 国別に社会とか文化とか経済とかを研究するゼミだから、ぴったりだと思うけど。

F 文化や経済もいいんですけど、それよりも、環境問題とか食糧問題とかに関心があるんですけど。

M1 それなら、「環境・生命と倫理」なんかはどう？ 食や環境、生命などを研究するゼミだから。

M2 僕は現代の中国の経済や環境にも興味があるんですけど、政治やメディアにもすごく関心があるんです。

M1 政治やメディアに関心があるなら、「メディア論」なんかいいんじゃないかな。新聞やニュースを素材に問題点について研究してるからね。

F 色々あって、迷いますね。

M1 まあ、卒論がかかってるから、これからどんなことを探究していきたいのか、慎重に考えて選んだ方がいいと思うよ。

F 私はやっぱり食や環境に関する研究がいいかな。卒論も環境問題に関するテーマにしようと思ってるから。

M1 いいんじゃない？

M2 僕は将来新聞記者になりたいと思ってるので、新聞やニュースを素材にした研究にしようかなって思います。

M1 新聞記者志望だったんだ。じゃあ、ちょうどいいだろうね。

女の学生はどのゼミに入ることにしましたか。

1 中国の歴史と文化
2 現代社会論
3 環境・生命と倫理
4 メディア論

2番

まず話を聞いてください。それから、二つの質問を聞いて、それぞれ問題用紙の1から4の中から、最もよいものを一つ選んでください。

ラジオでアナウンサーが今年行う予定のボランティア活動について説明しています。

M1 まず、「地域支援活動」についてご説明します。この活動は、毎週水曜日に行われ、大学周辺地域の活性化を目指しています。各地域の方々との交流の場、または、地域の活性化のきっかけ作りの場として「絆カフェ」を企画・運営し、立ち寄ってくださった方とお話したり、ゲームを一緒に楽しんだりしています。次は「災害支援活動」です。この活動は、東日本大震災被災地への支援を中心に活動しています。月に2回、土曜日に被災地でのお祭りに参加したり、仮設商店街で現地の方々と交流したりします。夏祭りでは、縁日や物産展でお祭りを盛り上げました。また、大学周辺の商店街でのお祭りや大学の学園祭で、被災地の特産品を販売支援しています。次は「文化支援活動」です。この活動は、地域に住んでいる海外移住者の方を支援します。日本の文化に馴染めない海外からの移住者のために、月2回、日曜日に地域の方々と文化交流会を開いて、お互いの国の文化や料理を紹介します。料理は自分たちで作って、みんなで一緒に食べながら交流を深めていきます。他にも、日本語が話せない海外移住者のための日本語教室を開いています。最後に「学生消防団」についてご説明します。この活動は、地域の幼稚園で防災教室を開いたり、地域のイベントに参加したりして、防災意識の向上に努めています。他にも、夜回りの活動を行って、地域の皆さんの安心・安全に努めています。

M2 ねえ、ボランティア活動、どれにするか決めた？

F うーん、私は以前から、ボランティアをするなら被災地の支援をしたいって思ってたんだけど、土曜日は国際関係の研究会があるからダメなんだよね。田中君は？

M2 僕は、子供が好きだからこれをやりたいんだけど、夜のパトロールはバイトがあるからできないなあ。

F 子供が好きなんだったら、絆カフェにしたらいいんじゃない？ 先輩の話だと、そこにも地域の子供たちがたくさん遊びに来るって言ってたから。

M2 そうなの？ 週に１回はちょっと大変だけど、じゃあ、それにするか。そういえば、鈴木さんは将来海外で日本語を教えたいって言ってたよね。これなんかよさそうじゃない？

F そうだね。経験を積んでおくのもいいかもね。じゃ、そうする。

質問 1

男の学生はどのボランティア活動をしますか。

질問 2

女の学生はどのボランティア活動をしますか。

JLPT

N1 파이널 테스트 4회

정답 및 청해 스크립트

1교시 언어지식(문자 · 어휘 · 문법) · 독해

문제1	1 ①	2 ③	3 ②	4 ①	5 ②	6 ③				
문제2	7 ④	8 ①	9 ③	10 ①	11 ②	12 ①	13 ②			
문제3	14 ④	15 ①	16 ①	17 ②	18 ③	19 ①				
문제4	20 ①	21 ③	22 ③	23 ①	24 ②	25 ④				
문제5	26 ①	27 ②	28 ④	29 ①	30 ③	31 ②	32 ①	33 ③	34 ④	35 ①
문제6	36 ④	37 ①	38 ③	39 ③	40 ①					
문제7	41 ①	42 ③	43 ②	44 ④	45 ①					
문제8	46 ③	47 ②	48 ③	49 ①						
문제9	50 ③	51 ④	52 ②	53 ④	54 ②	55 ③	56 ②	57 ①	58 ④	
문제10	59 ①	60 ③	61 ③	62 ①						
문제11	63 ④	64 ①								
문제12	65 ④	66 ①	67 ②	68 ③						
문제13	69 ③	70 ②								

2교시 청해

문제1	1 ③	2 ②	3 ③	4 ③	5 ③						
문제2	1 ②	2 ②	3 ②	4 ④	5 ③	6 ③					
문제3	1 ④	2 ③	3 ③	4 ②	5 ④						
문제4	1 ①	2 ①	3 ③	4 ②	5 ①	6 ②	7 ③	8 ③	9 ①	10 ②	11 ②
문제5	1 ①	2-1 ②	2-2 ④								

問題 1

問題１では、まず質問を聞いてください。それから話を聞いて、問題用紙の１から４の中から、最もよいものを一つ選んでください。

例

女の人と男の人が新しい製品の企画書について話しています。女の人はこの後何をしなければなりませんか。

F　課長、明日の会議の企画書、見ていただけたでしょうか。

M　うん、分かりやすくできあがってるね。

F　あ、ありがとうございます。ただ、実は製品の説明がちょっと弱いかなって気になってるんですが。

M　うーん、そうだね。でもまあ、この部分はいいかな。で、ええと、この11ページのグラフ、これ、随分前のだね。

F　あ、すみません。

M　じゃ、そのグラフは替えて。あ、それから、会議室のパソコンやマイクの準備はできてる?

F　あ、そちらは大丈夫です。

女の人はこの後何をしなければなりませんか。

1番

部屋で夫婦が話しています。夫はこの後何をしなければなりませんか。

F　久しぶりの旅行、楽しみだね。

M　そうだね。最近仕事が忙しかったから、1か月間思いっきり楽しんでこよう。

F　うん。これで大体準備はできたね。

M　そうだね。荷造りも済んだし、戸締りも終わったし。

F　郵便局に行って不在届けは出しといた?

M　それはもう済んでるよ。

F　あとは新聞とチラシよね。新聞は販売店に電話して止めてもらった?

M　うん、昨日から止めてもらってるよ。あとチラシも普段から「チラシお断り」って書いて貼ってあるし。

F　ねえ、アパートの管理会社には連絡した?

M　え、連絡しなきゃいけないの?

F　もちろん。留守中は何があるか分からないんだから、非常時に迅速に対応してもらえるように、管理会社に知らせておかないと。

M　なるほど。じゃ、空港行きのバスの中で電話するよ。

F　それから、トイレの換気扇つけといた?

M　え、換気扇? つけっぱなしにするの?

F　うん、換気をしてないと湿気がこもってカビが生えたりするかもしれないから、トイレのドアを開けたままにして換気扇をつけといた方がいいんだって。

M　へえ、そうなんだ。じゃあ、今つけてくるよ。じゃあ、そろそろ出ようか。

夫はこの後何をしなければなりませんか。

2番

大学で先輩と女の人が話しています。女の人はこの後何をしますか。

F　先輩、これ明日の文化祭の模擬店のポスターなんですけど、ちょっと見てもらえますか。

M　どれどれ。確かタコ焼きだったよね。

F　はい。でも、タコの代わりにチーズとか、果物とか、お惣菜とかの色々な具材を入れることにしたんです。

M　へえ、それはなかなか斬新でいいんじゃない? このポスターもなかなか面白く書けてて、すごくいいと思うよ。書体もかわいいし、蛍光色だから人の目を引くにも十分だし。

F　そうですか。ありがとうございます。じゃ、メニューの方も見てもらえますか。

M　うーん、メニューと値段だけじゃなんか物足りないな。食材の産地も記入したらどうかな。最近はどこの店でも食材の産地が書いてあるから、その方がお客さんも安心して食べられると思うし。

F　そうですね。あと、注文してたティーシャツがさっき届きました。これなんですけど。

M　黒に黄色の文字か。まあ、定番って感じだね。

F　実はグレーに紫の文字にしようと思ったんですけど、それは今日までには無理だって言われるので。

M　まあ、仕方ないね。無難な色だし、いいんじゃないかな。あと、材料の注文は済んだの?

F　はい、さっき確認して、明日の午前8時に部室に届けてもらうことになっています。

M　そう? じゃ、これは明日までに頼むね。

F　はい、分かりました。

女の人はこの後何をしますか。

3番

女の人と男の人が話しています。女の人はこれから何をしますか。

F　図書館で借りた本を返さなきゃいけないんだけど、いつも返しに行くのが面倒くさいんだよね。

M　確かに。返すのもそうだけど、借りられる期間も決まってるのは、僕みたいに本を読むスピードが遅い人にはちょっと不便だね。人気のない本はもうちょっと長めにしてくれればいいんだけどね。

F　でも、人気がある本って定める基準が面倒そうだから、そこは分からなくもないんだけど、最近みたいに梅雨で雨の日が続くときは、本当に返しに行くのが面倒になる。

M　わざわざ返しに行く必要ないよ。最近は駅のホームにある返却ポストも利用できるから。それ、坂末市の図書館で借りた本なんでしょ？ それは坂末駅内にある返却ポストに入れとけばいいんだ。

F　そうなんだ。いつも通ってるのに、返却ポストがあるなんて気付かなかった。

M　家も近いし、多ければ手伝ってあげようか。

F　３冊しかないから大丈夫。ありがとう。

女の人はこれから何をしますか。

4番

女の人と男の人が話しています。男の人はこれから何をしますか。

M　最近、寝つきが悪いせいか、疲れが取れないんだ。

F　まあ。仕事忙しいの？

M　いや、普段とあんまり変わらないんだけど。何でだろう。

F　なんか悩み事でもあるんじゃない？

M　いや、別にないと思うけどな。最近コーヒーの味が分かってきて飲んでるけど、カフェインのせいかな。

F　それが原因かもしれないね。私も飲み始めた時は夜ぐっすり眠れなかった気がする。朝飲むのはいいけど、夕方に飲んだらなかなか眠れなかった。今はいつ飲んでも大丈夫だけど。

M　なるほど。寝る前にも飲んだりしてたから、それかもね。でも、お風呂上りの時にコーヒー一杯飲むのがマイブームで、いろんな種類のコーヒーを買ってあるんだ。

F　それは、朝飲んだり会社で飲んだりして、少しずつ体に慣れさせればいいんじゃないかな。私みたいに飲み続けてたら、夜飲んでも平気になるかもよ。最近はノンカフェインのコーヒーもいろいろあるから試してみたら？

M　ノンカフェインのコーヒーはあんまりおいしくないって聞いたけど、どうかな。

F　必ずしもそうではないらしいよ。とりあえず、夕方以降は飲むのを控えてみて、それでも飲みたくなったら、ノンカフェインにしてみたら？

M　分かった。飲むのが好きになったぐらいで、別にコーヒー中毒なわけじゃないから、とりあえず、夜は辞めてみるよ。

男の人はこれから何をしますか。

5番

女の人と男の人が話しています。女の人は英語の勉強をするためにこれから何をしますか。

F　夏休みに何か計画してる？ 私は英語の勉強をしようと思ってるんだ。学校で会話の授業受けてたけど、受講者が多くて話す機会があんまりなかったから。

M　実は、僕も今英会話教室に通ってるんだ。学校の授業だとあんまり集中できなかったから。教室は先生がネイティブで、授業も少人数制だから、みんなとすぐ仲良くなれて、そのおかげで、間違っても気にしないでどんどん話せるようになった。

F　へえ、そんなところに通いたいな。でも、近所ではそういう英会話教室は見つからなかった。

M　オンラインでやってるところもあるよ。オフラインより値段も安いし、一対一でレッスンが受けられるから自分のペースに合わせられるし。僕は、みんなとせっかく仲良くなれたし、いい先生にも会えたから、オフラインの教室に通い続けてるけど、もっと話したり、練習したりしたいときは、オンラインのレッスンも受けてるんだ。

F　なるほど、そのやり方いいね。私もやる気が出てきた。とりあえず、勉強しやすい環境を整える必要があるね。こないだ引っ越したばっかりで、まだインターネットもつながってないけど、環境が整ったら始めようと思う。

M　ああそう。僕が使ってるサイト、教えてあげるよ。都合のいい曜日と時間帯をクリックすると、いろんな国の先生のリストが出てくるんだ。時間帯によって毎回先生が変わっちゃうけど、まあそれも楽しいし、同じ先生からレッスン受けたい場合は、話し合って時間を決めればいいと思うよ。トライアルレッスンもあるから。

F　分かった。早速やってみる。

女の人は英語の勉強をするためにこれから何をしますか。

問題 2

問題２では、まず質問を聞いてください。そのあと、問題用紙のせんたくしを読んでください。読む時間があります。それから話を聞いて、問題用紙の１から４の中から、最もよいものを一つ選んでください。

例

大学で男の学生と女の学生が話しています。この男の学生は先生がどうして怒ったと言っていますか。

M　ああ、先生を怒らせちゃったみたいなんだよね。困ったな。

F　え、どうしたの？

M　うーん。いやそれがね、先生に頼まれた資料、昨日までに渡さなくちゃいけなかったんだけど、いろいろあって渡せなくて。

F　えー、それで怒られちゃったの？

M　うん、いや、それで怒られたっていうより、おととい、授業のあと、飲み会があってね。で、ついそれを持っていっちゃったんだけど、飲みすぎて、寝ちゃって、忘れてきちゃったんだよね。

F　え？ じゃ、なくしちゃったわけ？

M　いや、出てはきたんだけどね、うん。先生が、なんでそんな大事な資料を飲み会なんかに持っていくんだって。

F　ま、そりゃそうよね。

この男の学生は先生がどうして怒ったと言っていますか。

1番

女の人と男の人が会社の福祉制度について話しています。女の人は何に不満を持っていますか。

F　そろそろ健康診断を受けなきゃいけないんだけど、今年はどの検査を受けようか、迷ってるんだ。

M　去年受けてないのにしたら？ 僕は、希望する検査をリストにして、毎年交互に受けるようにしてるよ。

F　私もそうしたいと思って、去年受けてない胃カメラを予約しようとしたんだけど、都合のいい日は全部予約がいっぱいで、結局去年と同じ検査しか受けられないよ。

M　他の病院では受けられないの？ 会社と連携してる病院、他にもあるんじゃない？

F　それがね、うちの会社は近所の総合病院としかやってないの。社員は多いのに、一箇所でしか検査受けられないから、予約するだけでも大変だし、何とか予約できても、その日に希望する検査が受けられるとは限らないから、けっこう面倒なんだ。社員のための制度のはずなんだけど、制約だらけで、何だかあるだけ無駄って感じ。

M　なるほどね。それじゃ困るよね。会社の人だけじゃなくて、一般の人も利用するわけじゃない。

F　そうなの。今年は受けるのやめようかな。

女の人は何に不満を持っていますか。

2番

母親と小学生の息子が話しています。息子はどうして家にいることにしましたか。

M　お母さん、自転車で公園に行ってもいい？

F　そうねえ、天気予報でオゾン注意報が出たって言ってたよ。

M　オゾン注意報って、なに？

F　オゾン注意報っていうのは、空気中のオゾンが増えて、体に悪いくらいになったから、気をつけなさいってこと。

M　へえ、オゾンって悪いものなんだね。

F　まあ、そうなんだけど、成層圏にあるオゾンは、太陽からくる有害な紫外線を防いでくれるの。

M　ああ、学校で習った。最近環境汚染のせいで、オゾン層に穴が開いたんだって。じゃあ、オゾンって、人の体にどんな風に悪いの？

F　空気中のオゾンの濃度が高くなったらね、頭痛とか、喘息とか、気管支炎とかになりやすいし、心臓にも悪いんだって。マスクしててもだめらしいよ。

M　うわあ、怖い。じゃあ、今日は家にいなきゃ。

F　うん、それがいいと思う。

息子はどうして家にいることにしましたか。

3番

友達同士の女の人と男の人が話しています。この商品がよく売れる一番の理由は何ですか。

F　そのお菓子、懐かしい！ 小学生のとき、よく食べてたの。どこで買ったの？

M　近所の駄菓子屋さんだよ。これ、一種のレトロ商品なんだけどね、最近はインフルエンザとか、自然災害とかで外に出ないで家にいる時間が長くなったから、昔のことを思い出したり、懐かしく感じたりする人が増えてたんだって。昔人気のあったお菓子とか飲み物とかが、よく売れるようになったって話だよ。

F　そうだね。昔のデザインって、なんだか親しみが持てるし、見てると懐かしくなるよね。

M　売る側も、人の心をよくつかんでると思うよ。このお菓子も、実は限定商品なんだけど、よく売れてるらしいよ。

F　そうだったんだ。確かに、今しか買えないってなったら、ちょっと高くても手が出ちゃうよね。お菓子とか飲み物だったら、高いって言ったって大したことないから、あんまり負担もないだろうしね。

M　たぶん、そういうわけだろうね。こういう流行って、いいことだと思うよ。

F　そっか。私もさっそく買おうっと。

この商品がよく売れる一番の理由は何ですか。

4番

女の人と男の人が話しています。マンションの住民はどうして猫に餌をやっていますか。

M　うちのマンションにね、親子と見られる真っ白で可愛い猫が3匹住みついてるんだけど、どこへも行かないで、いつも同じ場所にいるんだ。で、通りがかりの人が写真撮ったり、わざわざ見に来る人までいるんだ。

F　へえ。のら猫？

M　そうは見えないんだけどね。上品な感じの猫だから、飼い主に捨てられたのか、あるいは飼い主がいなくなったんじゃないかなって思うんだけど。

F　そっか。かわいそうだね。

M　うん。マンションの住民たちも、そう思ったんだろうね。約束でもしたようにいろんな人が来て、猫に餌をあげてるよ。最初は、大人しくじっとしてるだけだったけど、次の日は、誰かが置いて行った餌を食べてて、三日目には、キャットハウスまであった。

F　へえ、優しい人がたくさんいるんだね。住民たちがみんなで飼ってる感じだね。

M　まさにそんな感じだよ。僕も時々見に行くけど、今は人を見ても警戒しないで、伸び伸び暮らしてるみたい。

F　よかったね。私も見に行ってみようかな。

M　可愛くて惚れちゃうかもしれないよ。

マンションの住民はどうして猫に餌をやっていますか。

5番

女の人と男の人が話しています。男の人は女の人のものが売れないのはなぜだと言っていますか。

M　何見てるの？

F　フリーマーケットのサイト見てるんだけど、出品したものがなかなか売れなくて、変だなと思って。

M　何がおかしい？

F　子供の時に読んでた世界名作童話の絵本を出したんだけど、どうして売れないんだろう。全部有名な本だし、破れたり、汚れたりしてるところもないのに。

M　ちょっと見せて。ふーん、本の写真をたくさん載せただけで、詳細な説明が書いてないよ。本の金額とか購買年度とか…。写真もさ、本の中に落書きはないか、破れたところはないか、そういうのを撮った方がいいんじゃないかな。表紙とかタイトルとかを撮るのはあんまり意味ないと思うよ。

F　そっか。本の外観がきれいだっていうのを見せたくてそうしたんだけど。

M　それからね、こういう絵本は有名すぎて、既にたくさん出回ってるから、そういうものは手ごろな値段にしないと売れないと思うよ。

F　そうなんだ。ネットのフリーマーケットはやったことがなかったから、そこまで気が回らなかった。

男の人は女の人のものが売れないのはなぜだと言っていますか。

6番

女の人と男の人が新しく始まったドラマについて話しています。主人公の知名度の割りにドラマがあまり人気ないのはどうしてですか。

F　新しく始まったドラマ、見た？

M　あ、あれね。佐藤さんが主役のあのドラマでしょ？

F　そうそう。楽しみにしてたのに、ちょっとがっかりだった。

M　ああそう、どうして？ ストーリーがいまいちなの？

F　ストーリーっていうかね、なんかいろいろ人気のあったドラマを少しずつパクった感じっていうか、大物俳優や女優を出演させてあんな雑なドラマを作るなんてもったいないと思った。やっぱり最近は斬新さがないと受け入れてもらえないもんね。

M　まあね。前作の場合はあんまり知られてない俳優をたくさん出したのに、大ヒットだったじゃない？大企業で働いてる平社員の話にブラックコメディの要素も入れて、笑いあり涙ありで、とっても共感が持てて、よかったんだけどね。あんまり現実離れした設定だと、最初からあり得ないって思っちゃうからか、心に響かないよね。

F　私もそう思う。単純な勧善懲悪のストーリーも、似たようなミステリー・サスペンスドラマも、飽きてきちゃったよね。前作は一人も悪役がいなかったし、刺激的な要素もなかったのに面白かったっていうのが、最大の魅力だったかもね。

M　そうだね。平凡な人たちの平凡な日常を描いてるのにあんなにおもしろいなんて、不思議だったね。役者ももちろん重要だけど、それだけが人気の秘訣じゃないっていうことが、前のドラマで判明したね。

主人公の知名度の割りにドラマがあまり人気ないのはどうしてですか。

問題 3

問題3では、問題用紙に何も印刷されていません。この問題は、全体としてどんな内容かを聞く問題です。話の前に質問はありません。まず話を聞いてください。それから、質問とせんたくしを聞いて、1から4の中から、最もよいものを一つ選んでください。

例

女の人が男の人に映画の感想を聞いています。

F　この間話してた映画、見に行ったんでしょ？ どうだった？

M　うん、すごく豪華だった。衣装だけじゃなくて、景色もすべて、画面の隅々までとにかくきれいだったよ。でも、ストーリーがな。主人公の気持ちになって、一緒にドキドキして見られたらもっとよかったんだけど、ちょっと単調でそこまでじゃなかったな。娯楽映画としては十分楽しめると思うけどね。

男の人は映画についてどう思っていますか。

1　映像も美しく、話も面白い
2　映像は美しいが、話は単調だ
3　映像もよくないし、話も単調だ
4　映像はよくないが、話は面白い

1番

大学で教授が話しています。

F　一般的に、言語と文化は表裏一体だと言われています。しかし、言語は、単に文化的背景を表現しただけのものではありません。その言語の話し手一人一人のアイデンティティを表現するものでもあるんです。同じ日本人でもそれぞれ異なるものであり、その違いも言語によって表現されます。「日本人」としてのアイデンティティと「個人」としてのアイデンティティの両方を表現しているわけです。ところで、日本語を話す人は、圧倒的に日本人であり、英語以外の言語はみんなそうです。ただ、英語だけは、英語の母語話者より非母語話者の方が話し手が多いです。しかも、英語は世界中で使われています。では、英語の裏にある文化とは一体何なのでしょうか。英語圏で生活している人にとっては、アメリカやイギリスの文化が存在し、それに基づいたアイデンティティが存在すると思いますが、英語の国際言語化が進むことによって、英語を話す人全体の中での英語を母国語として話す人よりも第二言語として話す人の割合の方が圧倒的に多くなって行く中で、文化の主導権が「多国籍文化」に明け渡されつつあります。このような国際言語としての英語には、特定の文化的背景はないと言えるでしょう。ですから、国際言語としての英語を話すときは「個人」としてのアイデンティティが大切になってきます。つまり、それだけしっかり自分のことを英語で表現できる力を付けることが大切なのです。

女の人の話のテーマは何ですか。

1　言語に影響を及ぼす文化
2　言語と日本人のアイデンティティ
3　母国語においてのアイデンティティの重要性
4　国際言語としての英語

2番

テレビで医者が話しています。

F　免疫とは体内で発生したガン細胞や外から侵入した細菌やウイルスなどを常に監視し撃退する自己防衛システムのことです。免疫の仕組みは実に精巧にできており、いくつもの免疫細胞が協調しあって働いています。もし、免疫というシステムが体から無くなったとしたら、私たちはすぐに何らかの病気にかかってしまうのです。健康な生活を営むためには免疫力を上げる必要があります。免疫力を上げる方法としては、腸内環境を整える、体温を上げる、規則正しい生活をする、など色々ありますが、興味深いのは思いっきり笑うと免疫細胞が活性化するという研究データが出ていることです。笑えば血行が良くなり、ストレスに関するホルモンが減って、心が穏やかになるなどの効果があります。それ以外にも、免疫力を落とさないために適度な運動で血流を促進し、体温を上げることが有効です。また、毎日の生活で心がけたい点があります。それは、自分の平熱を知ることです。「体温が１度下がると免疫力は３０パーセント落ちる」と言われています。免疫力が低下していないかどうかを把握するために、普段から自分の平熱を測っておくことも重要といえるでしょう。

女の人は何について話していますか。

1　ガンの予防
2　免疫力と笑いの関係性
3　免疫力を高める方法
4　体温の維持の仕方

3番

講演会で男の人が話しています。

M　世界では、飢餓による問題が深刻になっており、栄養不調の人がたくさんいます。その一方で生産された食糧を消費しきれず捨てざるを得ない「食品ロス」も国や地域によっては起こっており、問題視されています。食品ロスが起こる原因としては生産段階で需要を超える量を生産してしまう過剰生産や、加工段階で食品の形が悪い、規格外だという理由で廃棄してしまうことなどがあげられます。このような食品ロスを減らすために、食品メーカーやスーパーでは食品の製造工程で規格外品として捨てられる商品を福祉施設などに無償で提供したり、賞味期限を延長したりする対策を行っています。また、コンビニなどでは賞味期限切れの売れ残り商品を値引き販売するなど様々な取り組みが進められており、一定の成果をもたらしています。

男の人は何について話していますか。

1　世界の食糧問題
2　食品ロスの原因
3　食品ロスを防ぐための企業の努力
4　賞味期限切れの商品の購入促進

4番

製薬会社の職員が話しています。

M　我が社では新入社員研修のカリキュラムの一部として「高齢者疑似体験」を実施しています。高齢者疑似体験とは、高齢になった時の身体的機能低下や心理的変化を、疑似的に体験するものです。高齢者疑似体験を新入社員研修に導入している目的は、患者や高齢者の方々の目線に立つことの重要性を体感することです。つまり、相手を理解するためには、相手と同じ視線で、身を持って体験することが大事です。これは、当社のヒューマン・ヘルスケア理念の基本です。今回の体験から、患者や高齢者の方々の苦労やつらい思いを身にしみて感じることが、ニーズに合ったよりよい新薬を創り出し、一日も早く患者にお届けしたいという原動力につながると考えています。

男の人は何について話していますか。

1　**新入社員研修の必要性**
2　**患者を理解するための疑似体験の必要性**
3　**会社のヒューマン・ヘルスケアの種類**
4　**患者のニーズによる新薬の発売**

5番

専門家が話しています。

F　絵画や彫刻などの芸術作品は、時間が経つにつれて劣化してしまうため、貴重な作品を後世に残すためには定期的な修復作業を行う必要があります。絵画復元師はこのような古くなったり傷付いたりした絵画を対象に、極力オリジナルに近いものをイメージして修復します。絵画復元師には有名な作者の作品価値と作風を生かすという心構えと、作品の時代背景や作風を忠実に理解し、再現する表現力も必要となります。また、下地のキャンバスの素材や絵の具の顔料によっても手法が異なるので、道具に対する知識も求められます。そして、一つの作品に時間をかけて真摯に向き合うため、集中力や根気強さも必要とされます。このような専門性を要する復元作業ですが、時には復元作業が専門の知識と技術を持った人ではなく、単なる素人に任され、似ても似つかない姿になってしまうケースもあります。素人による作業で芸術作品が受けた損傷は、専門家でも元に戻せないこともあるとのことです。世界的な文化遺産なのですから、投資を惜しまず専門家に任せてほしいものです。

女の人は何について話していますか。

1　**絵画の定期的な復元作業の大切さ**
2　**絵画復元作業の大変さ**
3　**世界的な絵画への投資の勧誘**
4　**絵画専門家への依頼の重要さ**

問題4

問題4では、問題用紙に何も印刷されていません。まず文を聞いてください。それから、それに対する返事を聞いて、1から3の中から、最もよいものを一つ選んでください。

例

M　ああ、今日は、お客さんからの苦情が多くて、仕事にならなかったよ。
F　1　いい仕事、できてよかったね。
　　2　仕事、なくて大変だったね。
　　3　お疲れ様、ゆっくり休んで。

1番

F　合コンどうだった？ タイプの人いた？
M　1　それが、初対面から馴れ馴れしくて…。
　　2　道に迷ってるんだけど、どうしよう。
　　3　こじんまりした雰囲気で、けっこうよかったよ。

2番

M　この飲みかけのコーヒーは誰の？
F　1　すみません、私のです。すぐ片付けます。
　　2　すみません、品切れです。
　　3　すみません、勝手に飲んじゃって。

3番

F　久しぶりに山登りをしたら全身筋肉痛になっちゃった。
M　1　紅葉狩りの季節だからよかったでしょう。
　　2　筋トレみたいな運動はあんまり向いてないかもね。
　　3　早く痛みを和らげるには、軽い運動をし続けるといいらしいよ。

4番

F　あなたの気持ちは分かるけど､ちょっと言い過ぎじゃない?

M　1　お茶を濁すような言い方はやめて。

　　2　つい、口がすべっちゃった。

　　3　ぐずぐずしてるからだめなんだ。

5番

M　社長、来週の出張の航空券は手配しました。

F　1　ご苦労さん。準備はそれで一段落したのかな。

　　2　ご苦労さん。出張の結果報告は後で聞かせて。

　　3　ご苦労さん。そんなに負けてもらうなんて偉いね。

6番

M　探したい文献があるんですが、検索の仕方がよく分からないんです。

F　1　詳しい事情は分かりかねます。

　　2　画面に書名と著者名を入力してください。

　　3　先行研究の閲覧だけなんですね。

7番

F　昨日、終電逃しちゃって、10キロもある道を歩いて帰ったよ。

M　1　それは大変だったね。隣に居合わせた人と目があったんだね。

　　2　それは大変だったね。長時間運転を見合わせるなんて。

　　3　それは大変だったね。足が棒になったでしょ。

8番

F　昨日とは打って変わって青空が広がってるね。

M　1　昨日はそっけない感じだったのに。

　　2　それは仕事にうってつけの場所だ。

　　3　空もきれいだし、風も爽やかだね。

9番

M　部長、僕、絶対今回の売り上げ目標を達成させてみせます。

F　1　頑張ってね。君ならできるよ。

　　2　そこまでしてくれるなんて気が利く人なんだね。

　　3　この業界では第一人者だということで評判になってるよ。

10番

F　吉田さんの新企画のアイデアって斬新でいいよね。

M　1　的の外れた答えをしちゃって、冷汗かいたよ。

　　2　彼は頭が切れるからうらやましいよ。

　　3　粘り強く頑張ればきっと受かると思うよ。

11番

M　最近、コンビニの弁当の容器が紙製に切り替えられてるんだって。

F　1　新メニューが発売されたんだね。楽しみ。

　　2　そういう動きがもっと広がってほしいね。

　　3　値上げするものばっかりで、生活がさらに厳しくなるね。

問題5

問題5では、長めの話を聞きます。この問題には練習はありません。問題用紙にメモをとってもかまいません。

1番

問題用紙に何も印刷されていません。まず話を聞いてください。それから、質問とせんたくしを聞いて、1から4の中から、最もよいものを一つ選んでください。

家族3人で話しています。

F　パパ、うちでトマト育ててみない?

M1　トマト? レタスの方がいいんじゃない? サラダにするとおいしいし。友達に聞いたんだけど、普段あんまり食べないものでも自分で育てたら食べられるようになるんだって。

M2 お前たち、野菜を育てたいんだ。レタスは短期間で収穫できるし、育てやすいみたいだから、とりあえずレタスにしてみたらどう？

F　レタスでもいいよ。じゃあ、これから用意するものがたくさんあるよ。まず、大きなポットと、肥料と、それからレタスの種。

M1 ミミズが土をよくしてくれるらしいけど、何匹か捕まえてこようか。はは。

M2 種の代わりに苗を買ってきて植える方法もあるよ。園芸屋さんでレタスの苗を売ってるよ。

F　へえ、そうなんだ。じゃあ、苗買ってこよう。レタスが育ったら、私がサラダ作ってあげるね。サラダにもしたら、おいしそう。

M2 そうだね。あと、植物も生き物だから、大事にして責任感をもって育てる必要があるよ。「間引き」って知ってる？

M1 うん、丈夫な苗を残して、弱いのを取っちゃうことでしょ？

M2 そうそう。元気な野菜を育てるには、間引きも必要なんだ。それじゃ、みんなで苗を買いに行こうか。

父親は子供たちに何について話していますか。

1　野菜を育てる時の注意点
2　野菜を育てやすい環境
3　レタスの活用方法
4　苗の植え方

2番

まず話を聞いてください。それから、二つの質問を聞いて、それぞれ問題用紙の1から4の中から、最もよいものを一つ選んでください。

友達同士の女の人と男の人が話しています。

M　きちんと睡眠取ってるのにどうしても疲れが取れないんだ。

F　そうか。最近元気がないから、どうしたのか聞こうと思ってたんだ。夢とか見たりしない？私は毎日7時間ぐらい寝てるんだけど、ほぼ毎日夢を見て、眠りも浅い気がするんだ。そのせいか、寝覚めも何だかすっきりしないんだよね。肩も凝るし。

M　長く寝たからといって、疲れが取れるとは限らないらしいよ。やっぱり睡眠の質が大事なんじゃない？うちの部署の同僚も、いつも疲れた顔をしてたけど、最近元気になったので栄養剤でも飲んでるのかって聞いたら、そうじゃなくて、枕を変えたんだって。

F　へえ、枕？でも枕も種類がたくさんあるから、どういうのを選べばいいか迷っちゃいそう。

M　うん、だから寝具売り場に行ったら、体の形を測って、自分の体に合う枕を作ってもらえるらしいよ。市販のものを買うよりは値段が高いけど、本当に快眠できるって評判だよ。

F　ふーん、枕か、それは考えたことなかった。枕が自分に合ってるかどうかも考えたことないし。

M　もしかして、枕の高さが高すぎたりしてない？枕が高いと、頭が上がって、そのせいであごが下がって、それで呼吸が苦しくなることがあるんだって。それに、女性は骨格上も高い枕より低めの枕の方がいいらしいよ。肩こりもそれが原因なんじゃないかな。

F　そっか。いつも枕を高くして寝てたかも。枕にクッションを重ねてテレビ見て、そのまま眠ったりしてたからね。

M　僕は寝てるときによく寝返りを打つんだけど、僕みたいな人には枕の左右が高くて、真ん中が低くなってて、横幅が広いのがいいんだって。頭を乗せる部分が高くなってるような形の枕は、東洋人の頭にはあんまり向いてないらしいよ。

F　そうか、全然知らなかったね。そういえば、枕の形もいろいろあったっけ。

M　うん。肩こりがある人は、普通の形の長方形型より、S字型で首元安定型の方がいいんだって。

F　よく調べてるね。

M　うん、僕も同僚の話を聞いて変えようと思ってたところだったから。

質問1

男の人に合う枕は何ですか。

質問2

女の人に合う枕は何ですか。

JLPT

N1 파이널 테스트 5회

정답 및 청해 스크립트

1교시 언어지식(문자 · 어휘 · 문법) · 독해

문제1 1 ① 2 ③ 3 ② 4 ③ 5 ④ 6 ①

문제2 7 ② 8 ① 9 ② 10 ④ 11 ① 12 ① 13 ③

문제3 14 ② 15 ④ 16 ① 17 ① 18 ② 19 ④

문제4 20 ① 21 ② 22 ① 23 ④ 24 ③ 25 ③

문제5 26 ② 27 ① 28 ③ 29 ④ 30 ③ 31 ① 32 ① 33 ② 34 ④ 35 ④

문제6 36 ② 37 ② 38 ④ 39 ③ 40 ①

문제7 41 ① 42 ② 43 ② 44 ④ 45 ③

문제8 46 ② 47 ① 48 ② 49 ④

문제9 50 ① 51 ③ 52 ③ 53 ② 54 ③ 55 ④ 56 ② 57 ① 58 ④

문제10 59 ② 60 ③ 61 ① 62 ③

문제11 63 ② 64 ①

문제12 65 ③ 66 ② 67 ④ 68 ①

문제13 69 ④ 70 ③

2교시 청해

문제1 1 ③ 2 ① 3 ② 4 ③ 5 ④

문제2 1 ④ 2 ③ 3 ③ 4 ③ 5 ④ 6 ③

문제3 1 ① 2 ③ 3 ③ 4 ④ 5 ④

문제4 1 ① 2 ② 3 ③ 4 ① 5 ① 6 ③ 7 ② 8 ② 9 ③ 10 ③ 11 ②

문제5 1 ② 2-1 ① 2-2 ④

問題 1

問題１では、まず質問を聞いてください。それから話を聞いて、問題用紙の１から４の中から、最もよいものを一つ選んでください。

例

女の人と男の人が新しい製品の企画書について話しています。女の人はこの後何をしなければなりませんか。

F　課長、明日の会議の企画書、見ていただけたでしょうか。

M　うん、分かりやすくできあがってるね。

F　あ、ありがとうございます。ただ、実は製品の説明がちょっと弱いかなって気になってるんですが。

M　うーん、そうだね。でもまあ、この部分はいいかな。で、ええと、この11ページのグラフ、これ、随分前のだね。

F　あ、すみません。

M　じゃ、そのグラフは替えて。あ、それから、会議室のパソコンやマイクの準備はできてる?

F　あ、そちらは大丈夫です。

女の人はこの後何をしなければなりませんか。

1番

女の人と男の人が話しています。女の人はこれから何をしますか。

F　台所の天井から雨漏りがするんだけど、どうしよう。

M　ああ、本当だ。大変だ。どこから雨水が入ってきてるんだろう。屋根からかな。

F　こんな状態だと業者さんに頼んだ方がよさそうだね。友達の家も雨漏りがして修理してもらったそうなんだけど、屋根からだと思ってたら、屋根じゃなくて外壁から水が入ってきたんだって。

M　そっか。俺も天井から漏れてるから屋根が原因だと思った。

F　だから、友達は業者さんに頼む前に漏れてるところを写真に撮っておいた方がいいって言ってたよ。

M　なるほど。工事をするにしても漏れてる場所が特定されれば、よりスムーズに修理できるだろうし。

F　お金かかりそうで心配ね。修理費用の相場は電話で聞いてみよう。

女の人はこれから何をしますか。

2番

自動車教習所の係員と女の人が電話で話しています。女の人はこれからまず何をしなければなりませんか。

F　すみません。ペーパードライバー講習を受けたいんですが…。

M　そうですか。講習は直接自動車教習所に来ていただいて受ける方法と、希望する場所までこちら側から出張して行う方法がございますが、どちらをご希望でしょうか。

F　免許を取って１０年以上全く運転をしてないので、基礎の基礎から教えていただきたいんですが。

M　そうでしたら、出張スクールよりは、まず校内教習で基礎をおさらいしたあと路上へ出る、というコースの方がよいと思いますが。

F　ええ、すぐ路上に出るのは怖いですから、校内教習の方でお願いします。

M　苦手なところと集中して練習したいことを指導教官と相談しながら、受講時間とかプログラムとかを決めますので、ご心配なさらないでください。お手数ですが、運転免許証をお持ちになってこちらの方へお越しください。

F　運転免許証がないと講習を受けることができませんか。家のどこかにあるはずなんですが、見つからなくて。

M　そうですね。それがないと、申請できませんので、紛失されたんでしたら、まず再発行の手続きをなさってください。

F　分かりました。

女の人はこれからまず何をしなければなりませんか。

3番

スーパーの店長と従業員が商品の並べ方について話しています。従業員はこれから何をしますか。

M　店長、セール品なんですけど、どんなふうに並べたらいいんでしょうか。

F　お菓子とかの賞味期限が差し迫ってるんだよね。

M　はい。

F　お得感を出した方がいいから、ジャンブル陳列にしようか。

M　それって、商品をかごとかワゴンに入れたまま陳列する方法ですよね。

F　そうそう。そうすれば、お客様が好きな商品を自由に選べるから、楽しくなるんじゃないかな。

M　そうですね。宝探し感覚で安くていいものを探そうっていう感じになりますからね。でも、その方法だと陳列が乱されちゃうんじゃないでしょうか。

F　まあ、少しは乱されたって構わないし、人が集まって何か探してるのを他のお客さんが見たら、一緒に探したくなるんじゃないかな。

M　じゃあ、なるべくたっぷり準備した方がいいですね。

F　うん。あと、商品を見やすく手に取りやすい高さにするのがポイントだよ。

M　なるほど。じゃあ、商品の並べ方よりワゴンの高さを先に決めた方がいいですね。

従業員はこれから何をしますか。

4番

女の人と男の人が話しています。女の人はプレゼンのためにまず何をしますか。

F　来週新商品についてのプレゼンがあるんだけど、私が担当することになってて、もう今から緊張してるんだ。

M　そうか、大変だね。資料を読み上げてみたり、プレゼンのシミュレーションしたりしてみた？

F　まだやってない。初めてのプレゼンだし、あがり症だから、人前で話すのが苦手なの。

M　そうなんだ。僕も初めてプレゼンしたときはそうだったけど、やってるうちに慣れてきたよ。緊張するからって、聞いてる人たちから目をそらしたりしないで、ちゃんと視線を合わせて話した方が、あがらないですむと思うよ。

F　分かった。そうしてみる。

M　あと、プレゼンの練習をするとき、その様子を携帯とかで録画してみるのもいいよ。自分では気付いてない癖とかが見えてくるから。

F　なるほど。それは気が付かなかった。やっぱり自分を客観的に見てないとね。アドバイス、ありがとう。

女の人はプレゼンのためにまず何をしますか。

5番

女の人と男の人が話しています。男の人はこの後何をしますか。

M　あのう、クレジットカードを申し込みたいんですが…。

F　クレジットカードのお申し込みでございましたら、こちらの書類にご記入ください。

M　はい。あのう、住所のところなんですけど、近々引っ越す予定なんですが…。

F　でしたら、一旦今現在のご住所をお書きになって、引っ越されたら、こちらの電話番号か、もしくはホームページの方でご住所の変更をなさってください。

M　ああ、そうですか。分かりました。あ、それと銀行口座のところなんですけど、どこの銀行でもいいんですか。

F　ええ、お客様名義の口座なら、どこでも構いません。

M　分かりました。じゃあ、これお願いします。

F　では、身分証明書をお見せいただけますか。

M　え、身分証明書が必要なんですか。持ってないんですけど…。

F　申し訳ございませんが、犯罪防止のため、ご確認させていただいてるんです。

M　困ったなあ。すぐ隣が会社なんですけど、会社には保険証しかないし、運転免許証とパスポートはうちにあるし…。

F　あ、身分証明書は写真付きのものでなくても結構ですよ。

M　ああ、じゃ、保険証でもいいんですね。助かった。

男の人はこの後何をしますか。

問題2

問題２では、まず質問を聞いてください。そのあと、問題用紙のせんたくしを読んでください。読む時間があります。それから話を聞いて、問題用紙の1から4の中から、最もよいものを一つ選んでください。

例

大学で男の学生と女の学生が話しています。この男の学生は先生がどうして怒ったと言っていますか。

M　ああ、先生を怒らせちゃったみたいなんだよね。困ったな。

F　え、どうしたの？

M　うーん。いやそれがね、先生に頼まれた資料、昨日までに渡さなくちゃいけなかったんだけど、いろいろあって渡せなくて。

F　えー、それで怒られちゃったの？

M　うん、いや、それで怒られたっていうより、おととい、授業のあと、飲み会があってね。で、ついそれを持っていっちゃったんだけど、飲みすぎて、寝ちゃって、忘れてきちゃったんだよね。

F　え？じゃ、なくしちゃったわけ？

M　いや、出てはきたんだけどね、うん。先生が、なんでそんな大事な資料を飲み会なんかに持っていくんだって。

F　ま、そりゃそうよね。

この男の学生は先生がどうして怒ったと言っていますか。

1番

女の学生と男の学生が話しています。女の学生は外国語の学習についてどう思っていますか。

F　ねえ、明後日の英語のテストの勉強、やってる？

M　いや、全然。翻訳機がこんなに発達してる今の時代に英語の勉強なんて必要あるのかな。

F　まあ、確かに外国語を知らなくても携帯のアプリですぐ翻訳できるもんね。

M　そうだよ。最近は音声翻訳機能が備わってるのもあるんだよ。しかも、日本語から外国語、外国語から日本語と双方向で使えるものもあって、外国語ができなくても、いくらでもコミュニケーションがとれるんだよ。

F　それはそうだけど、他の国の言語を習うことによって、その国の文化や考え方とかも学べるじゃない。

M　でも、そのためにはすごくたくさんの時間を費やさなきゃいけないだろう？僕はその時間をもっと有効に使いたいね。それに、外国語を習わなくても、外国の人とコミュニケーションをとりながら、いくらでも文化や考え方は学べるし。

F　まあ、確かにそうだね。時間をかけたわりにそんなに上達もしないしね。

M　そうだよ。

F　でも、習った言語を使ってネイティブの人と話せたときの感動は今でも忘れられないな。とっても達成感あったし。

M　まあ、僕にはそんな経験がなくて分からないなあ。

F　中田君にもぜひ味わってもらいたいな。

女の学生は外国語の学習についてどう思っていますか。

2番

女の人と男の人が話しています。男の人はお墓参りについて何と言っていますか。

F　ねえ、最近お墓参り代行サービスっていうのがあるらしいよ。

M　え、お墓参りを代わりにやってくれるの？ご先祖様に怒られそうだね。

F　でも、海外に住んでる人や高齢者はお墓参りに行くのが大変だろうし、お盆休みとかに海外に旅行に行く人も多いから、お墓参りをしないよりは、代行でもしてもらった方がいいと思うけど。

M　そうだね。お墓参りができない状況の人は仕方ないと思うけど、旅行はちょっとねえ。もし僕がご先祖様だったら、誠意のない気がして嫌だけどな。

F　そう？私はお墓を放置されて、荒れた状態になるより、他の人にでもきれいにしてもらった方が、気持ちいいと思うけど。

M　ふーん。で、料金はいくらぐらいなの？

F　墓石の清掃とお線香のお供えが基本プランで2万円。お花のお供えとお墓の周りの清掃は、それぞれ1万円追加だって。

M　へえ、思ったより高いな。

F　まあ、それくらい払わないと、ご先祖様に申し訳ないでしょう。

男の人はお墓参りについて何と言っていますか。

3番

女の人と男の人が話しています。女の人がプロテインを飲む一番の理由は何ですか。

M　何飲んでるの？

F　これ？プロテイン。

M　え？プロテイン？筋トレでも始めたの？

F　ううん。最近忙しくてご飯もきちんと食べられてないの。それで、肌も荒れてるし、髪にもハリがなくなっちゃって。

M　へえ、プロテインって、美容にもいいの？

F　うん。プロテインって、美容にもいいけど、なによりも血管とか筋肉とかの体のベースを作るから、基礎代謝も向上して、健康な生活を送るためには必要不可欠な栄養素なんだ。

M　へえ、そうなんだ。

F　成人女性の１日のタンパク質の推奨摂取量は約５０から６０グラムなんだけど、その量のタンパク質を摂取するにはステーキを４００グラムは食べなきゃならないの。さすがに毎日そんなに食べるのは無理でしょう。

M　そうだな。でも、プロテインってあんまりおいしくなさそうだから、ちょっとねえ。

F　最近はプロテインの需要が増えてるから、企業もおいしく飲めるプロテインとか、プロテインデザートとか、いろんなものを出してるよ。

M　へえ、じゃあ、僕も飲んでみようかな。

女の人がプロテインを飲む一番の理由は何ですか。

４番

女の人と男の人が話しています。女の人は地方での販売が低迷している一番の理由は何だと言っていますか。

F　部長、ちょっとよろしいですか。

M　何？

F　実は、新製品の販売状況についてなんですが、６月から７月にかけて行った調査の結果、東京や大阪などの都市部でのシェアは８０％と順調に伸びてるんですが、地方部では５０％と伸び悩んでいることが分かったんです。

M　うーん。で、原因は何なの？

F　地方の販売代理店の減少や営業時間の短縮など、色々あるんですけど、中でも新製品の宣伝が地方にはまだ浸透してないのが一番の原因だと思います。

M　そうか。うちの製品のコマーシャルは地方では流れてないもんな。

F　ですから、地方の販売代理店と協力してキャンペーンを行ってはどうかと思うんですけど。

M　そうだね。いいんじゃない？ じゃあ、キャンペーンの具体的な内容についてまとめてくれる？

F　はい、分かりました。

女の人は地方での販売が低迷している一番の理由は何だと言っていますか。

５番

女の人が会社の担当者にインタビューをしています。企業がこの会社を利用している理由は何ですか。

F　今日は不満買取センターの方にお話をお聞きしたいと思います。まず、不満買取センターとはどんな会社なんでしょうか。

M　はい、誰もが普段生活をしながら不満の一つぐらいは持っていると思いますが、当社ではその不満を買い取っています。

F　でも、不満を買い取るだけでは利益は出ませんよね。

M　ええ、もちろんです。買い取った不満データを蓄積し、一つのビッグデータとして当社で解析します。業界ごと、業種ごと、会社・商品ごとに分類し、統計データとして企業に提供しているんです。

F　なるほど。でも、最近はほとんどの企業にお客様相談センターがありますよね。なのに、どうして御社のデータを必要としているんでしょうか。

M　企業のお客様相談センターに寄せられる情報は、多くがクレームに当たるんですが、当社が提供する不満はクレームよりもちょっと下のレベルなんです。例えば、「買ったお菓子のパッケージが開けにくい」とか、「味が思っていたのとは違っていた」とか。そうした不満はわざわざクレームの電話を入れるのもはばかれますからね。

F　確かにそうですね。

M　しかし、実際にはそうしたことが確実に購買意欲に影響を及ぼすものでして、そこに大きな価値があるわけです。

F　なるほど。そうなんですね。不満の買取はポイントで支払われるということですが、ポイントはどのように査定しているんですか。

M　ポイントは、AIが不満の投稿の内容に応じて1から10ポイントで査定しています。これが５００ポイント貯まると、５００円相当のギフト券と交換できます。

企業がこの会社を利用している理由は何ですか。

6番

男の人が話しています。男の人は地域特産品のブランド化が難しい一番の理由は何だと言っていますか。

M 「地域特産品をブランド化したい」、「地域特産品を通じて地域を活性化させたい」という思いは、どこの地域も同じだと思いますが、なかなかうまくいかないことが多いです。地域特産品をブランド化するにはその価値が消費者にアピールできなければなりません。そのためにはブランドのコンセプトを作ることや、そのコンセプトを表現する売場と販促物が不可欠です。さらに第一歩は地元からスタートしても、次のステージからは当然、東京のような大消費地にも展開しなければなりません。しかし、そのような販売を展開するために必要な機能は、各地域には存在しないことが多いのが一番の難点だと言えるでしょう。また、特産品を1年中販売するためには加工品の商品化も不可欠ですが、この加工品を適切な価格で適切な量を製造できる加工メーカーがないことも難点だと言えるでしょう。

男の人は地域特産品のブランド化が難しい一番の理由は何だと言っていますか。

問題3

問題3では、問題用紙に何も印刷されていません。この問題は、全体としてどんな内容かを聞く問題です。話の前に質問はありません。まず話を聞いてください。それから、質問とせんたくしを聞いて、1から4の中から、最もよいものを一つ選んでください。

例

女の人が男の人に映画の感想を聞いています。

F この間話してた映画、見に行ったんでしょ？どうだった？

M うん、すごく豪華だった。衣装だけじゃなくて、景色もすべて、画面の隅々までとにかくきれいだったよ。でも、ストーリーがな。主人公の気持ちになって、一緒にドキドキして見られたらもっとよかったんだけど、ちょっと単調でそこまでじゃなかったな。娯楽映画としては十分楽しめると思うけどね。

男の人は映画についてどう思っていますか。

1 映像も美しく、話も面白い
2 映像は美しいが、話は単調だ
3 映像もよくないし、話も単調だ
4 映像はよくないが、話は面白い

1番

医者が水中毒について話しています。

F 熱中症予防のためには、水分と塩分をしっかり補給する必要があるということは、みなさんよくご存じのことと思います。しかし、「水中毒」という言葉は聞きなれない方も多いのではないでしょうか。熱中症は、汗を掻き、その結果ナトリウムが汗と共に皮膚の外へと失われ、血液内のナトリウムが不足した状態になってしまう症状ですが、「水中毒」というのは過剰な水分摂取によって生じる中毒症状で、血液検査の結果、低ナトリウム血症と呼ばれる状態になっていることです。この症状は、水に危険な毒素が含まれているというわけではなく、水を大量に飲むことで、ナトリウム、つまり塩分が血液中に少なくなってしまっている状態というわけです。体の中のナトリウムイオンが低下していくと、頭痛、吐き気、精神症状、けいれんなどが起こり、さらには呼吸困難などで死亡することもありますので、気を付ける必要があります。

女の人の話のテーマは何ですか。

1 水中毒の現象と症状
2 水に潜む毒の成分
3 熱中症と水中毒の関係
4 水中毒の予防

2番

専門家が記憶について話しています。

M 人間の記憶とは過去の再生ではなく、スナップ写真のように断片的なもので、思い出すときはそれらの断片をかき集め、ストーリーを再構築して再生します。その際、思い出すときの内部的、あるいは外部的な要因に影響され、記憶の中にある似てはいるけれども少しずつ違う断片を繋げて、事実とは異なったストーリーができあがってしまうこともあります。つまり、記憶は記憶した瞬間から真実から離れていく可能性が極めて高いということです。他人の記憶も自分の記憶もあてになりません。特に、時間が経過したり、他人に影響された記憶はほとんどあてにならないのです。また、人は想像と記憶とをはっきり脳内で区別しないので、時には混同が生じることもあります。

男の人は何について話していますか。

1　思い出の写真と記憶
2　外部の影響を受ける記憶
3　記憶の書き換え
4　記憶と想像の関係

3番

テレビでアナウンサーがさくら亭という会社について話しています。

F　さくら亭は、創業当時から店内で調理する方針を貫いており、チェーン店でありながら、温かみのある料理が食べられるところが魅力の店です。しかし、店内でいちいち調理するやり方は人件費がかかるため経営的にはあまり得策ではありません。その結果、現在業績が低迷しており、２０２０年３月期決算では１１億４７００万円の赤字に転落しました。さくら亭は増大する人件費を捻出するため値上げに踏み切りましたが、これが裏目に出て、客数が減少しました。そのため、やむを得ず来月から店内での調理をやめ、工場で製造・調理・加工したものをそれぞれの加盟店に必要な量だけ配送することにしました。このように調理法を変えることで、人件費や材料費のコスト削減が図れるものと期待しています。

アナウンサーは主にさくら亭の何について話していますか。

1　さくら亭の魅力
2　さくら亭の赤字の原因
3　さくら亭の新しい経営方針
4　さくら亭のコスト削減の秘訣

4番

ラジオで男の人が話しています。

M　長時間労働が仕事と家庭の両立を阻み、育児や家事の負担が女性にばかりかかる。そんな日本のありようが、深刻な少子化の要因と言われています。男女が協力し合って子供を育てる。この当たり前のことを、誰もができるようにするには、働き方も人々の意識も、大きく変える必要があります。育休は、原則として子供が１歳になるまで、男女どちらでも取得できるようになっています。しかし、問題は多くの父親が利用できていないことです。厚生労働省の調査では、育休取得率は女性８２.２％に対し、男性はわずか６.１６％です。その要因としては、家計の収入が減ることへの不安や仕事の代替要員がいない、育休が取りづらい雰囲気であるなど、職場環境を理由に挙げる声も少なくありません。さらに、夫が育休を取得したという女性に聞いた民間の調査では、約３人に１人が育休中の夫の家事・育児時間が１日あたり２時間以下と答え、不満を抱く人が少なくありません。家事や育児について、「女性の仕事」という固定観念をぬぐいさり、男性も日常的に携わる社会に変える育休を、その第一歩としたいと考えています。

男の人は何について話していますか。

1　少子化が進む原因
2　１歳までの子育ての重要さ
3　働き方や人々の意識の変化
4　性別の固定観念を取り除くための育休

5番

男の人が話しています。

M　我が社では新規事業として「社会課題解決ビジネス」を始めました。「社会課題解決ビジネス」とは、現代社会の様々な分野において発生している障害や解決すべき問題などの社会課題を解決する過程で行われる提案や活動や行為を事業として行うことを言います。つまり、この「社会課題解決ビジネス」は、民間企業が行う事業のうち、事業性と社会問題解決の両立ができるものなのです。例えば、ボランティア活動の基本理念は「公共性、自発性、無償性、先駆性」と言われていますが、特にその「自発性・無償性」がボランティア活動を持続するにあたってネックとなる可能性があります。一方、「社会課題解決ビジネス」は、事業そのものが社会課題解決型であり、また民間企業が行うものであり、適正な利益も目指しますので、ボランティア活動よりも持続性が高いと言えます。

「社会課題解決ビジネス」とはどんなものですか。

1　無償で行うボランティア型のビジネス
2　社会問題を知らせるためのビジネス
3　国から委託された企業が行うビジネス
4　社会問題を解決するためのビジネス

問題 4

問題4では、問題用紙に何も印刷されていません。まず文を聞いてください。それから、それに対する返事を聞いて、1から3の中から、最も よいものを一つ選んでください。

例

M　ああ、今日は、お客さんからの苦情が多くて、仕事にならなかったよ。
F　1　いい仕事、できてよかったね。
　　2　仕事、なくて大変だったね。
　　3　お疲れ様、ゆっくり休んで。

1番

F　営業部の田中さん、さっきの会議ですごく冴えてたね。
M　1　そうだね。鋭い発言だったね。
　　2　寝不足で、目が覚めてないようだったよ。
　　3　発表さえうまくできてれば、よかったのにね。

2番

M　新しく入ったバイトの中野さん、なんだか空回りしてるんだよね。
F　1　へえ、そんなに回ってるの？
　　2　そうだね。雰囲気読めてないって感じだよね。
　　3　頑張ってくれて本当助かるわ。

3番

M　来年の広告の企画、結局お蔵入りになったよ。
F　1　本当？ 採用されてよかったね。
　　2　お蔵に入ることになったの？
　　3　あんなに頑張ってたのに残念だね。

4番

F　あの選手、体格がいいから強いだろうと思ってたけど、見掛け倒しだった。
M　1　見た目だけで判断できないよね。
　　2　でも、勝ってよかったじゃない。
　　3　僕もあの選手には期待してるんだ。

5番

M　鈴木君、バイトにばかり明け暮れてて、必須科目の単位落としそうなんだって。
F　1　今までのツケが回ってきたんだね。
　　2　バイトもほどほどにしないと、体壊しちゃうよね。
　　3　そんなに気を落とさなくてもいいのに。

6番

M　今度の商談が成功するかどうかは、森さんのプレゼンにかかってるからね。
F　1　では、プレゼンの時間、かかりすぎないようにします。
　　2　今はちょっと手が離せないので、折り返しご連絡いたします。
　　3　うまくいくよう、しっかりやります。

7番

F　お客様のクレームの対処を課長にお願いしたら、余計こじれちゃって。
M　1　課長って、本当に頼りになるよね。
　　2　課長も感情的になりやすいからね。
　　3　でも、うまく解決してよかったね。

8番

F　田中先輩、何でも自分に任せろって言ってたのに、口ほどでもなかった。

M　1　僕も以前先輩に助けてもらったよ。

2　大したことないのに見栄張ってるって、みんな言ってたよ。

3　せっかくのご好意なんだから、甘えたら?

9番

F　村上先輩、自分の責任を人になすりつけて平然としてるなんて、呆れてものもいえない。

M　1　僕ももう飽きちゃったんだよね。

2　後輩としてはそういう先輩の態度を見習わなきゃね。

3　責任転嫁するのはよくないよね。

10番

M　部長、今度の人事異動で地方に飛ばされたらしいよ。

F　1　それはおめでたいことですね。

2　そこまで飛ぶなんて、すごいですね。

3　え、左遷ってことですか。

11番

M　会議をすっぽかすとは、社会人としてあるまじき行為ですよ。

F　1　ありがとうございます。恐れ入ります。

2　申し訳ありません。今後気を付けます。

3　社会ではありがちなことなんですね。

問題5

問題5では、長めの話を聞きます。この問題には練習はありません。問題用紙にメモをとってもかまいません。

1番

問題用紙に何も印刷されていません。まず話を聞いてください。それから、質問とせんたくしを聞いて、1から4の中から、最もよいものを一つ選んでください。

女の学生と男の学生が話しています。

F　あれ? 何検索してるの?

M　あ、先輩。実は来週、カナダでホームステイしてたときのホストファミリーが日本に旅行で来ることになったんです。カナダでは本当によくしてもらったので、何かおいしい物をごちそうしたいと思って、検索してたんです。

F　そうなんだ。どんなものが好きなのか知ってるの?

M　ええ、何でもよく食べる家族だったんですが、確か、おじさんとおばさんは健康のためにお肉は控えてました。

F　そう。じゃ、すき焼きはだめだね。「スキ亭」っていう有名な店があるんだけど。あ、でも、ここ海鮮しゃぶしゃぶもおいしいって評判だよ。

M　海鮮しゃぶしゃぶか。いいですね。

F　他には、懐石料理のお店なんかどう?「はな」っていう店なんだけど、雰囲気もすごく素敵で、京都の庭園にいるような感じがするんだ。料理も旬の食材を使った色鮮やかなもので、見てるだけでも気分がよくなるのよ。

M　でも、懐石料理って高いんじゃないですか。

F　まあ、値段はちょっとするけど、その分、満足度は高いと思うよ。コース料理だけど、お客さんの要望通りに作ってくれるし。

M　そうですか。もう少しお手頃なお店はないんですか。

F　じゃあ、おすしなんかどう?「松」っていうおすし屋さんなんだけど、けっこうお手頃な値段で楽しめるんだ。しかも、新鮮でおいしいおすしだけじゃなくて、サービスにてんぷらも出してくれるんだ。

M　おすしとてんぷらか、いいですね。あ、でも、そういえば、一緒に来る息子さんは生ものがダメだって言ってました。

F　うそ、残念。うーん、じゃあ、思い切って中華料理なんてどう?「ハオハオ」ってお店なんだけど、100種類以上の料理がそろってるお店で、魚や野菜を使った料理も多いから、みんなに合わせられるんじゃない?

M　うーん、でも、せっかく日本に来たのに、中華料理っていうのはちょっとね。やっぱり、ちょっと奮発して、旬の料理を楽しんでもらおうと思います。

男の学生はどの店にすることにしましたか。

1　スキ亭

2　はな

3　松

4　ハオハオ

2番

まず話を聞いてください。それから、二つの質問を聞いて、それぞれ問題用紙の1から4の中から、最もよいものを一つ選んでください。

テレビでアナウンサーが展覧会について紹介しています。

F1　今日は皆さんに展覧会についてご紹介したいと思います。まず、はじめに、世界屈指の美術館、「ロンドン・ギャラリー展」です。この展覧会は、ルネサンスから後期印象派に至る同館所蔵の名品６１点をご紹介します。イギリス国外で初めて開催される同館の大規模所蔵作品展である本展では、ゴッホの《ひまわり》など、出品作全てが日本初公開となります。次に、日本を代表する芸術「浮世絵展」です。江戸時代の庶民に愛されていた浮世絵が、印象派の画家をはじめとする欧米のアーティストたちに大きな影響を与えたと言われています。本展は、質、量ともに日本の三大浮世絵コレクションと言っても過言ではない名品を結集し、選りすぐった約４５０点の浮世絵版画を展示しています。初期から幕末までの代表的な浮世絵師たちによる名品の数々をお楽しみください。次にご紹介しますのは、「日本の新進作家展」です。本展は写真・映像の可能性に挑戦する創造的精神を支援し、将来性のある作家を発掘するとともに、新たな創造活動を紹介する場として、２００２年より開催しています。今年度は「いまここを超えていく力」をテーマに、写真・映像をメディアとする5組6名の新進作家たちを紹介しています。最後は「建築模型展」です。本展は、演出家兼アーティストである高山明の企画によって、どこでも再現可能な形態でつくられた都市のインフラを「模型」として捉え、現在の東京のリアルな姿を浮かび上がらせるという試みです。

F2　わあ、全部おもしろそう。

M　そうだね。僕も昔から印象派の作品大好きだから、ぜひ行きたいなあ。

F2　え、意外だね。日本の伝統的な芸術が好きだって言ってたから、てっきり伝統的な展覧会しか行かないんだと思ってた。

M　確かに日本の芸術も素晴らしいけど、世界中で愛されてる西洋の画家の作品も素晴らしいよ。

F2　私はどっちかって言うと、昔の絵画とかは見てもあんまりぴんと来ないっていうか、やっぱり現代のが分かりやすくていい。

M　そういえば、この前趣味で写真撮影始めたって言ってたよね。

F2　ああ、そうなんだけど、始めてみたら、あんまり楽しくなくて。演出家の作品がおもしろそう。

質問 1

男の人はどの展覧会に行きますか。

질問 2

女の人はどの展覧会に行きますか。

N1 | 第1回 模擬テスト 言語知識(文字・語彙・文法)・読解 解答用紙

受験番号 Examinee Registration Number		名前 Name	

< ちゅうい Notes >

1. くろいえんぴつ（HB、No.2）でかいてください。
   Use a black medium soft (HB or No.2) pencil.
2. かきなおすときは、けしゴムできれいにけしてください。
   Erase any unintended marks completely.
3. きたなくしたり、おったりしないでください。
   Do not soil or bend this sheet.
4. マークれい Marking examples

よい Correct	わるい Incorrect

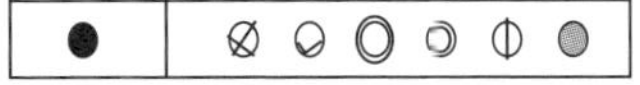

問題 1				
1	①	②	③	④
2	①	②	③	④
3	①	②	③	④
4	①	②	③	④
5	①	②	③	④
6	①	②	③	④
問題 2				
7	①	②	③	④
8	①	②	③	④
9	①	②	③	④
10	①	②	③	④
11	①	②	③	④
12	①	②	③	④
13	①	②	③	④
問題 3				
14	①	②	③	④
15	①	②	③	④
16	①	②	③	④
17	①	②	③	④
18	①	②	③	④
19	①	②	③	④
問題 4				
20	①	②	③	④
21	①	②	③	④
22	①	②	③	④
23	①	②	③	④
24	①	②	③	④
25	①	②	③	④

問題 5				
26	①	②	③	④
27	①	②	③	④
28	①	②	③	④
29	①	②	③	④
30	①	②	③	④
31	①	②	③	④
32	①	②	③	④
33	①	②	③	④
34	①	②	③	④
35	①	②	③	④
問題 6				
36	①	②	③	④
37	①	②	③	④
38	①	②	③	④
39	①	②	③	④
40	①	②	③	④
問題 7				
41	①	②	③	④
42	①	②	③	④
43	①	②	③	④
44	①	②	③	④
45	①	②	③	④
問題 8				
46	①	②	③	④
47	①	②	③	④
48	①	②	③	④
49	①	②	③	④

問題 9				
50	①	②	③	④
51	①	②	③	④
52	①	②	③	④
53	①	②	③	④
54	①	②	③	④
55	①	②	③	④
56	①	②	③	④
57	①	②	③	④
58	①	②	③	④
問題 10				
59	①	②	③	④
60	①	②	③	④
61	①	②	③	④
62	①	②	③	④
問題 11				
63	①	②	③	④
64	①	②	③	④
問題 12				
65	①	②	③	④
66	①	②	③	④
67	①	②	③	④
68	①	②	③	④
問題 13				
69	①	②	③	④
70	①	②	③	④

N1 | 第1回　模擬テスト　聴解　解答用紙

受験番号 Examinee Registration Number	

名前 Name	

< ちゅうい　Notes >

1. くろいえんぴつ（HB、No.2）でかいてください。
   Use a black medium soft (HB or No.2) pencil.
2. かきなおすときは、けしゴムできれいにけしてください。
   Erase any unintended marks completely.
3. きたなくしたり、おったりしないでください。
   Do not soil or bend this sheet.
4. マークれい　Marking examples

よい Correct	わるい Incorrect
●	⊘ ◎ ◯ ◎ ⦶ ●

問題 1				
例	①	②	●	④
1	①	②	③	④
2	①	②	③	④
3	①	②	③	④
4	①	②	③	④
5	①	②	③	④

問題 2				
例	①	②	●	④
1	①	②	③	④
2	①	②	③	④
3	①	②	③	④
4	①	②	③	④
5	①	②	③	④
6	①	②	③	④

問題 3				
例	①	●	③	④
1	①	②	③	④
2	①	②	③	④
3	①	②	③	④
4	①	②	③	④
5	①	②	③	④

問題 4			
例	①	②	●
1	①	②	③
2	①	②	③
3	①	②	③
4	①	②	③
5	①	②	③
6	①	②	③
7	①	②	③
8	①	②	③
9	①	②	③
10	①	②	③
11	①	②	③

問題 5					
1		①	②	③	④
2	(1)	①	②	③	④
	(2)	①	②	③	④

N1 | 第2回　模擬テスト　言語知識(文字・語彙・文法)・読解　解答用紙

受験番号 Examinee Registration Number		名前 Name	

<　ちゅうい　Notes　>

1. くろいえんぴつ（HB、No.2）でかいてください。
   Use a black medium soft (HB or No.2) pencil.
2. かきなおすときは、けしゴムできれいにけしてください。
   Erase any unintended marks completely.
3. きたなくしたり、おったりしないでください。
   Do not soil or bend this sheet.
4. マークれい　Marking examples

よい Correct	わるい Incorrect
●	⊘ ◍ ◎ ◐ ⦶ ◉

問題 1				
1	①	②	③	④
2	①	②	③	④
3	①	②	③	④
4	①	②	③	④
5	①	②	③	④
6	①	②	③	④
問題 2				
7	①	②	③	④
8	①	②	③	④
9	①	②	③	④
10	①	②	③	④
11	①	②	③	④
12	①	②	③	④
13	①	②	③	④
問題 3				
14	①	②	③	④
15	①	②	③	④
16	①	②	③	④
17	①	②	③	④
18	①	②	③	④
19	①	②	③	④
問題 4				
20	①	②	③	④
21	①	②	③	④
22	①	②	③	④
23	①	②	③	④
24	①	②	③	④
25	①	②	③	④

問題 5				
26	①	②	③	④
27	①	②	③	④
28	①	②	③	④
29	①	②	③	④
30	①	②	③	④
31	①	②	③	④
32	①	②	③	④
33	①	②	③	④
34	①	②	③	④
35	①	②	③	④
問題 6				
36	①	②	③	④
37	①	②	③	④
38	①	②	③	④
39	①	②	③	④
40	①	②	③	④
問題 7				
41	①	②	③	④
42	①	②	③	④
43	①	②	③	④
44	①	②	③	④
45	①	②	③	④
問題 8				
46	①	②	③	④
47	①	②	③	④
48	①	②	③	④
49	①	②	③	④

問題 9				
50	①	②	③	④
51	①	②	③	④
52	①	②	③	④
53	①	②	③	④
54	①	②	③	④
55	①	②	③	④
56	①	②	③	④
57	①	②	③	④
58	①	②	③	④
問題 10				
59	①	②	③	④
60	①	②	③	④
61	①	②	③	④
62	①	②	③	④
問題 11				
63	①	②	③	④
64	①	②	③	④
問題 12				
65	①	②	③	④
66	①	②	③	④
67	①	②	③	④
68	①	②	③	④
問題 13				
69	①	②	③	④
70	①	②	③	④

N1 | 第2回　模擬テスト　聴解　解答用紙

受験番号 Examinee Registration Number	

名前 Name	

< ちゅうい　Notes >

1. くろいえんぴつ（HB、No.2）でかいてください。
   Use a black medium soft (HB or No.2) pencil.
2. かきなおすときは、けしゴムできれいにけしてください。
   Erase any unintended marks completely.
3. きたなくしたり、おったりしないでください。
   Do not soil or bend this sheet.
4. マークれい　Marking examples

よい Correct	わるい Incorrect
●	⊘ ◎ ○ ◎ ⦶ ●

問題1

例	①	②	●	④
1	①	②	③	④
2	①	②	③	④
3	①	②	③	④
4	①	②	③	④
5	①	②	③	④

問題2

例	①	②	●	④
1	①	②	③	④
2	①	②	③	④
3	①	②	③	④
4	①	②	③	④
5	①	②	③	④
6	①	②	③	④

問題3

例	①	●	③	④
1	①	②	③	④
2	①	②	③	④
3	①	②	③	④
4	①	②	③	④
5	①	②	③	④

問題4

例	①	②	●
1	①	②	③
2	①	②	③
3	①	②	③
4	①	②	③
5	①	②	③
6	①	②	③
7	①	②	③
8	①	②	③
9	①	②	③
10	①	②	③
11	①	②	③

問題5

1		①	②	③	④
2	(1)	①	②	③	④
	(2)	①	②	③	④

N1 | 第3回　模擬テスト　言語知識(文字・語彙・文法)・読解　解答用紙

受験番号 Examinee Registration Number	

名前 Name	

＜ ちゅうい Notes ＞

1. くろいえんぴつ（HB、No.2）でかいてください。
   Use a black medium soft (HB or No.2) pencil.
2. かきなおすときは、けしゴムできれいにけしてください。
   Erase any unintended marks completely.
3. きたなくしたり、おったりしないでください。
   Do not soil or bend this sheet.
4. マークれい Marking examples

よい Correct	わるい Incorrect
●	⊘ ◒ ◯ ◑ ⦶ ◉

問題 1				
1	①	②	③	④
2	①	②	③	④
3	①	②	③	④
4	①	②	③	④
5	①	②	③	④
6	①	②	③	④
問題 2				
7	①	②	③	④
8	①	②	③	④
9	①	②	③	④
10	①	②	③	④
11	①	②	③	④
12	①	②	③	④
13	①	②	③	④
問題 3				
14	①	②	③	④
15	①	②	③	④
16	①	②	③	④
17	①	②	③	④
18	①	②	③	④
19	①	②	③	④
問題 4				
20	①	②	③	④
21	①	②	③	④
22	①	②	③	④
23	①	②	③	④
24	①	②	③	④
25	①	②	③	④

問題 5				
26	①	②	③	④
27	①	②	③	④
28	①	②	③	④
29	①	②	③	④
30	①	②	③	④
31	①	②	③	④
32	①	②	③	④
33	①	②	③	④
34	①	②	③	④
35	①	②	③	④
問題 6				
36	①	②	③	④
37	①	②	③	④
38	①	②	③	④
39	①	②	③	④
40	①	②	③	④
問題 7				
41	①	②	③	④
42	①	②	③	④
43	①	②	③	④
44	①	②	③	④
45	①	②	③	④
問題 8				
46	①	②	③	④
47	①	②	③	④
48	①	②	③	④
49	①	②	③	④

問題 9				
50	①	②	③	④
51	①	②	③	④
52	①	②	③	④
53	①	②	③	④
54	①	②	③	④
55	①	②	③	④
56	①	②	③	④
57	①	②	③	④
58	①	②	③	④
問題 10				
59	①	②	③	④
60	①	②	③	④
61	①	②	③	④
62	①	②	③	④
問題 11				
63	①	②	③	④
64	①	②	③	④
問題 12				
65	①	②	③	④
66	①	②	③	④
67	①	②	③	④
68	①	②	③	④
問題 13				
69	①	②	③	④
70	①	②	③	④

N1 | 第3回　模擬テスト　聴解　解答用紙

受験番号 Examinee Registration Number	

名前 Name	

< ちゅうい Notes >

1. くろいえんぴつ（HB、No.2）でかいてください。
   Use a black medium soft (HB or No.2) pencil.
2. かきなおすときは、けしゴムできれいにけしてください。
   Erase any unintended marks completely.
3. きたなくしたり、おったりしないでください。
   Do not soil or bend this sheet.
4. マークれい　Marking examples

よい Correct	わるい Incorrect
●	⊘ ◌ ◯ ◎ ⦶ ●

問題1				
例	①	②	●	④
1	①	②	③	④
2	①	②	③	④
3	①	②	③	④
4	①	②	③	④
5	①	②	③	④

問題2				
例	①	②	●	④
1	①	②	③	④
2	①	②	③	④
3	①	②	③	④
4	①	②	③	④
5	①	②	③	④
6	①	②	③	④

問題3				
例	①	●	③	④
1	①	②	③	④
2	①	②	③	④
3	①	②	③	④
4	①	②	③	④
5	①	②	③	④

問題4			
例	①	②	●
1	①	②	③
2	①	②	③
3	①	②	③
4	①	②	③
5	①	②	③
6	①	②	③
7	①	②	③
8	①	②	③
9	①	②	③
10	①	②	③
11	①	②	③

問題5					
1		①	②	③	④
2	(1)	①	②	③	④
	(2)	①	②	③	④

N1 | 第4回　模擬テスト　言語知識(文字・語彙・文法)・読解　解答用紙

受験番号 Examinee Registration Number		名前 Name	

＜　ちゅうい　Notes　＞

1. くろいえんぴつ（HB、No.2）でかいてください。
   Use a black medium soft (HB or No.2) pencil.
2. かきなおすときは、けしゴムできれいにけしてください。
   Erase any unintended marks completely.
3. きたなくしたり、おったりしないでください。
   Do not soil or bend this sheet.
4. マークれい　Marking examples

よい Correct	わるい Incorrect
●	⊘ ◌ ◎ ◌ ⦶ ◍

問題 1				
1	①	②	③	④
2	①	②	③	④
3	①	②	③	④
4	①	②	③	④
5	①	②	③	④
6	①	②	③	④
問題 2				
7	①	②	③	④
8	①	②	③	④
9	①	②	③	④
10	①	②	③	④
11	①	②	③	④
12	①	②	③	④
13	①	②	③	④
問題 3				
14	①	②	③	④
15	①	②	③	④
16	①	②	③	④
17	①	②	③	④
18	①	②	③	④
19	①	②	③	④
問題 4				
20	①	②	③	④
21	①	②	③	④
22	①	②	③	④
23	①	②	③	④
24	①	②	③	④
25	①	②	③	④

問題 5				
26	①	②	③	④
27	①	②	③	④
28	①	②	③	④
29	①	②	③	④
30	①	②	③	④
31	①	②	③	④
32	①	②	③	④
33	①	②	③	④
34	①	②	③	④
35	①	②	③	④
問題 6				
36	①	②	③	④
37	①	②	③	④
38	①	②	③	④
39	①	②	③	④
40	①	②	③	④
問題 7				
41	①	②	③	④
42	①	②	③	④
43	①	②	③	④
44	①	②	③	④
45	①	②	③	④
問題 8				
46	①	②	③	④
47	①	②	③	④
48	①	②	③	④
49	①	②	③	④

問題 9				
50	①	②	③	④
51	①	②	③	④
52	①	②	③	④
53	①	②	③	④
54	①	②	③	④
55	①	②	③	④
56	①	②	③	④
57	①	②	③	④
58	①	②	③	④
問題 10				
59	①	②	③	④
60	①	②	③	④
61	①	②	③	④
62	①	②	③	④
問題 11				
63	①	②	③	④
64	①	②	③	④
問題 12				
65	①	②	③	④
66	①	②	③	④
67	①	②	③	④
68	①	②	③	④
問題 13				
69	①	②	③	④
70	①	②	③	④

N1 | 第4回　模擬テスト　聴解　解答用紙

受験番号 Examinee Registration Number	

名前 Name	

< ちゅうい　Notes >

1. くろいえんぴつ（HB、No.2）でかいてください。
   Use a black medium soft (HB or No.2) pencil.
2. かきなおすときは、けしゴムできれいにけしてください。
   Erase any unintended marks completely.
3. きたなくしたり、おったりしないでください。
   Do not soil or bend this sheet.
4. マークれい　Marking examples

よい Correct	わるい Incorrect
●	⊘ ◐ ◯ ◎ ⦶ ●

問題 1				
例	①	②	●	④
1	①	②	③	④
2	①	②	③	④
3	①	②	③	④
4	①	②	③	④
5	①	②	③	④

問題 2				
例	①	②	●	④
1	①	②	③	④
2	①	②	③	④
3	①	②	③	④
4	①	②	③	④
5	①	②	③	④
6	①	②	③	④

問題 3				
例	①	●	③	④
1	①	②	③	④
2	①	②	③	④
3	①	②	③	④
4	①	②	③	④
5	①	②	③	④

問題 4			
例	①	②	●
1	①	②	③
2	①	②	③
3	①	②	③
4	①	②	③
5	①	②	③
6	①	②	③
7	①	②	③
8	①	②	③
9	①	②	③
10	①	②	③
11	①	②	③

問題 5					
1		①	②	③	④
2	(1)	①	②	③	④
	(2)	①	②	③	④

N1 ｜ 第5回　模擬テスト　言語知識(文字・語彙・文法)・読解　解答用紙

受験番号 Examinee Registration Number		名前 Name	

＜ ちゅうい Notes ＞

1. くろいえんぴつ（HB、No.2）でかいてください。
   Use a black medium soft (HB or No.2) pencil.
2. かきなおすときは、けしゴムできれいにけしてください。
   Erase any unintended marks completely.
3. きたなくしたり、おったりしないでください。
   Do not soil or bend this sheet.
4. マークれい　Marking examples

よい Correct	わるい Incorrect
●	⊘ ◯ ◎ ◑ ⦶ ◉

問題 1				
1	①	②	③	④
2	①	②	③	④
3	①	②	③	④
4	①	②	③	④
5	①	②	③	④
6	①	②	③	④
問題 2				
7	①	②	③	④
8	①	②	③	④
9	①	②	③	④
10	①	②	③	④
11	①	②	③	④
12	①	②	③	④
13	①	②	③	④
問題 3				
14	①	②	③	④
15	①	②	③	④
16	①	②	③	④
17	①	②	③	④
18	①	②	③	④
19	①	②	③	④
問題 4				
20	①	②	③	④
21	①	②	③	④
22	①	②	③	④
23	①	②	③	④
24	①	②	③	④
25	①	②	③	④

問題 5				
26	①	②	③	④
27	①	②	③	④
28	①	②	③	④
29	①	②	③	④
30	①	②	③	④
31	①	②	③	④
32	①	②	③	④
33	①	②	③	④
34	①	②	③	④
35	①	②	③	④
問題 6				
36	①	②	③	④
37	①	②	③	④
38	①	②	③	④
39	①	②	③	④
40	①	②	③	④
問題 7				
41	①	②	③	④
42	①	②	③	④
43	①	②	③	④
44	①	②	③	④
45	①	②	③	④
問題 8				
46	①	②	③	④
47	①	②	③	④
48	①	②	③	④
49	①	②	③	④

問題 9				
50	①	②	③	④
51	①	②	③	④
52	①	②	③	④
53	①	②	③	④
54	①	②	③	④
55	①	②	③	④
56	①	②	③	④
57	①	②	③	④
58	①	②	③	④
問題 10				
59	①	②	③	④
60	①	②	③	④
61	①	②	③	④
62	①	②	③	④
問題 11				
63	①	②	③	④
64	①	②	③	④
問題 12				
65	①	②	③	④
66	①	②	③	④
67	①	②	③	④
68	①	②	③	④
問題 13				
69	①	②	③	④
70	①	②	③	④

N1 | 第5回　模擬テスト　聴解　解答用紙

受験番号 Examinee Registration Number	

名前 Name	

< ちゅうい　Notes >

1. くろいえんぴつ（HB、No.2）でかいてください。
   Use a black medium soft (HB or No.2) pencil.
2. かきなおすときは、けしゴムできれいにけしてください。
   Erase any unintended marks completely.
3. きたなくしたり、おったりしないでください。
   Do not soil or bend this sheet.
4. マークれい　Marking examples

よい Correct	わるい Incorrect
●	⊘ ◔ ◯ ◎ ⦶ ●

問題 1				
例	①	②	●	④
1	①	②	③	④
2	①	②	③	④
3	①	②	③	④
4	①	②	③	④
5	①	②	③	④

問題 2				
例	①	②	●	④
1	①	②	③	④
2	①	②	③	④
3	①	②	③	④
4	①	②	③	④
5	①	②	③	④
6	①	②	③	④

問題 3				
例	①	●	③	④
1	①	②	③	④
2	①	②	③	④
3	①	②	③	④
4	①	②	③	④
5	①	②	③	④

問題 4			
例	①	②	●
1	①	②	③
2	①	②	③
3	①	②	③
4	①	②	③
5	①	②	③
6	①	②	③
7	①	②	③
8	①	②	③
9	①	②	③
10	①	②	③
11	①	②	③

問題 5					
1		①	②	③	④
2	(1)	①	②	③	④
	(2)	①	②	③	④

memo

memo

memo